Concours D'Attaché territorial

500 questions-réponses

Nicolas Marlet

FSC
www.fsc.org
MIXTE
Papier issu de sources responsables
Paper from responsible sources
FSC® C105338

Édition : BoD · Books on Demand, 31 avenue Saint-Rémy, 57600 Forbach, bod@bod.fr
Impression : Libri Plureos GmbH, Friedensallee 273, 22763 Hambourg (Allemagne)

ISBN: 978-2-3228-5523-0

Dépôt légal : Juillet 2026

Table des matières

Introduction

Je suis Nicolas Marlet, titulaire d'un Master en administration publique, formateur au CNFPT et intervenant régulier dans les jurys des concours de la fonction publique territoriale.

Mon parcours m'a permis d'acquérir une solide connaissance des attentes institutionnelles, des épreuves écrites et orales, ainsi que des compétences attendues chez les candidats. À travers mon activité de formateur, j'accompagne des agents, des candidats et des professionnels dans leur préparation aux concours et examens de la fonction publique territoriale.

À travers mes ouvrages, je propose des supports de révision clairs, structurés et accessibles, pensés pour aider les candidats à comprendre les notions essentielles, à organiser leur préparation et à progresser avec méthode.

Mon objectif est de rendre la préparation aux concours plus simple, plus concrète et plus efficace, afin de permettre à chacun d'aborder les épreuves avec confiance et de mieux répondre aux attentes des jurys.

Les voies d'accès et les épreuves des concours d'Attaché territorial

1. Concours d'attaché territorial

Le cadre d'emplois des attachés territoriaux (catégorie A) comprend trois concours de recrutement. Chaque concours est organisé dans une ou plusieurs des cinq spécialités : **administration générale, gestion du secteur sanitaire et social, analyste, animation et urbanisme et développement des territoires**.

1.1 Concours externe

- **Conditions (voie d'accès)** : être titulaire d'une licence ou d'un diplôme classé au moins au niveau II (bac +3) ou disposer d'une qualification reconnue comme équivalente.

- **Épreuves d'admissibilité (écrit)** :

    1. **Composition** : dissertation sur un sujet d'actualité liée aux collectivités territoriales (démocratie, économie, culture, urbanisme, etc.). Cette épreuve vérifie l'ouverture d'esprit, la capacité d'analyse et d'argumentation ; durée : 4 heures ; coefficient 3.
    2. **Note de synthèse** : analyse d'un dossier sur un problème propre à la spécialité choisie

(administration générale, sanitaire et social, analyste, animation ou urbanisme). Durée : 4 heures ; coefficient 4

- **Épreuves d'admission (orales)** :

    1. **Entretien avec le jury** : vise à apprécier les connaissances administratives générales, la motivation et l'aptitude à exercer les missions d'un attaché. Durée : 20 minutes (coefficient 4).

    2. **Épreuve de langue vivante** (obligatoire) : traduction sans dictionnaire et conversation dans une langue étrangère au choix (allemand, anglais, espagnol, italien, grec, néerlandais, portugais, russe ou arabe). Durée : 15 minutes + préparation ; coefficient 1.

1.2 Concours interne

- **Conditions (voie d'accès)** : réservé aux fonctionnaires et agents publics (État, collectivités territoriales ou hospitalières et organisations internationales) justifiant, au 1er janvier de l'année du concours, d'au moins **quatre années de services publics**.

- **Épreuve d'admissibilité** : rédaction d'un rapport à partir d'un dossier traitant d'un problème correspondant à la spécialité choisie. L'épreuve vérifie l'esprit d'analyse et de synthèse et l'aptitude à proposer des solutions opérationnelles ; durée : 4 heures ; coefficient 4.

- **Épreuves d'admission** :

    1. **Entretien avec le jury** : entretien débutant par la présentation de l'expérience professionnelle du candidat. Le jury évalue l'aptitude à analyser son environnement, à résoudre des problèmes techniques ou d'encadrement et la motivation ; durée : 25 minutes dont 10 minutes de présentation ; coefficient 5.
    2. **Épreuve de langue vivante** (facultative) : traduction et conversation dans l'une des langues citées plus haut ; seuls les points au-dessus de la moyenne sont pris en compte.

1.3 Troisième concours (dite « 3e voie »)

- **Conditions (voie d'accès)** : ouvert aux candidats justifiant d'au moins **quatre ans d'activités professionnelles** (quelles qu'elles soient), de mandats de membres d'une assemblée territoriale ou de responsabilités d'association. Cette voie ne requiert pas de diplôme.
- **Épreuve d'admissibilité** : rédaction d'un rapport, à partir d'un dossier portant sur un problème rencontré par une collectivité en lien avec la spécialité choisie. Durée : 4 heures ; coefficient 4.
- **Épreuve d'admission** : entretien démarrant par un exposé sur l'expérience professionnelle du candidat. Il

évalue la capacité à s'intégrer à l'environnement professionnel, la motivation et l'aptitude à exercer les missions d'un attaché territorial ; durée : 25 minutes dont 10 minutes d'exposé ; coefficient 5.

- **Épreuve facultative** : langue vivante (conditions identiques aux autres concours).

Règles communes aux trois concours

Toutes les épreuves écrites sont anonymes et font l'objet d'une double correction. Toute note inférieure à 5/20 à une épreuve obligatoire entraîne l'élimination du candidat.

2. Accès au grade d'attaché principal territorial

Le grade d'attaché principal est un **grade d'avancement** ; il n'existe pas de concours externe. L'accès se fait selon deux voies :

1. **Examen professionnel (voie privilégiée)** : organisé par les centres de gestion, il est ouvert aux attachés comptant au 1er janvier de l'année du tableau d'avancement **au moins trois ans de services effectifs** dans un cadre d'emplois, corps ou emploi de catégorie A ou équivalent et ayant atteint le **5e échelon** du grade d'attaché.
2. **Avancement sans examen** : inscription au tableau d'avancement pour les attachés ayant **au moins sept ans de services effectifs** dans un cadre d'emplois de catégorie A et ayant atteint le **8e échelon**.

Examen professionnel – épreuves

- **Épreuve écrite d'admissibilité** : rédaction d'une **note** à partir d'un dossier de mise en situation professionnelle, destinée à évaluer l'aptitude du candidat à l'analyse et sa capacité à proposer des solutions argumentées ; durée : 4 heures ; coefficient 1.
- **Épreuve orale d'admission** : **entretien** devant un jury, débutant par un exposé du candidat sur son parcours. Le jury évalue les aptitudes à l'encadrement, les connaissances administratives générales (fonctionnement et activités des collectivités territoriales) et la motivation à exercer les fonctions d'attaché principal ; durée : 20 minutes dont 5 minutes d'exposé ; coefficient 1.
- Les candidats peuvent se présenter à l'examen **un an avant de remplir les conditions d'ancienneté**, conformément à l'article 16 du décret n° 2013-593.

Promotion interne

Outre l'examen professionnel, les attachés peuvent accéder au grade d'attaché principal **par promotion interne** après inscription sur un tableau d'avancement s'ils justifient de sept ans de services et ont atteint le 8e échelon.

Conclusion

Pour devenir **attaché territorial**, il existe trois concours : l'externe (diplôme de niveau II minimum), l'interne (réservé aux agents publics avec quatre ans de services) et le troisième concours (quatre ans d'activité professionnelle ou mandat). Chaque concours comporte des épreuves d'admissibilité et d'admission, avec des variations selon la spécialité choisie et la voie d'accès.

Pour accéder au grade d'**attaché principal**, il n'y a pas de concours de recrutement : le passage se fait par avancement de grade. Les attachés peuvent se présenter à un examen professionnel (note et entretien) ou être promus sur tableau d'avancement selon l'ancienneté et le niveau d'échelon

CULTURE ADMINISTRATIVE

International

1. Qu'est-ce que l'ONU ?

L'Organisation des Nations unies (ONU) est une organisation internationale créée le 24 octobre 1945, après la Seconde Guerre mondiale, pour maintenir la paix et la sécurité dans le monde. Elle regroupe aujourd'hui 193 États membres. Sa création a été rendue possible grâce à la Charte des Nations unies signée le 26 juin 1945 par 51 pays. L'ONU agit dans de nombreux domaines : maintien de la paix, aide humanitaire, protection des droits de l'homme, lutte contre le changement climatique, développement durable. Elle succède à la Société des Nations, jugée inefficace. Son siège est situé à New York.

2. Qu'est-ce que l'OTAN ?

L'Organisation du traité de l'Atlantique Nord (OTAN), ou Alliance atlantique, est une alliance politico-militaire créée le 4 avril 1949. Elle a été fondée pour assurer la défense collective des pays membres face à toute agression, notamment dans le contexte de la guerre froide. Aujourd'hui, l'OTAN compte 32 pays (avec l'adhésion récente de la Finlande et de la Suède en 2023). Son quartier général se trouve à Bruxelles. Elle intervient également dans les domaines de la lutte contre le terrorisme, la cyberdéfense et les opérations humanitaires.

3. Qu'est-ce que l'OMS ?

L'Organisation mondiale de la santé (OMS) est une agence spécialisée de l'ONU créée en 1948. Elle est chargée de coordonner la politique mondiale de santé publique, de lutter contre les pandémies, de soutenir la recherche médicale et d'aider les pays à renforcer leurs systèmes de santé. L'OMS joue un rôle central lors des crises sanitaires (COVID-19, Ebola, etc.). Son siège est situé à Genève, en Suisse. Elle collabore avec les États, les ONG et les instituts de recherche pour améliorer la santé mondiale.

4. Qu'est-ce que l'UNESCO ?

L'Organisation des Nations unies pour l'éducation, la science et la culture (UNESCO) a été créée le 16 novembre 1945. Elle regroupe 195 États membres et 8 membres associés. Son rôle est de promouvoir l'éducation pour tous, protéger le patrimoine culturel mondial (comme les sites classés au patrimoine de l'humanité), encourager la coopération scientifique et défendre la liberté d'expression. Son siège est à Paris, et elle possède plus de 50 bureaux à travers le monde.

5. Qu'est-ce que l'UNICEF ?

Le Fonds des Nations unies pour l'enfance (UNICEF) a été créé en 1946 pour venir en aide aux enfants victimes de la Seconde Guerre mondiale. Aujourd'hui, il agit dans plus de 190 pays pour protéger les droits des enfants, lutter contre la malnutrition, améliorer l'accès à l'éducation et soigner les enfants dans les zones de crise. L'UNICEF finance également des programmes de vaccination et de prévention sanitaire.

6. Qu'est-ce que la CPI ?

La Cour pénale internationale (CPI), installée à La Haye (Pays-Bas), a été créée en 2002 par le Statut de Rome. Elle enquête et juge les personnes accusées de crimes graves : génocide, crimes de guerre, crimes contre l'humanité et crimes d'agression. La CPI agit lorsque les juridictions nationales ne peuvent ou ne veulent pas poursuivre les auteurs de ces crimes. Elle joue un rôle essentiel dans la lutte contre l'impunité au niveau international.

7. Qu'est-ce que l'OMC ?

L'Organisation mondiale du commerce (OMC), créée en 1995, est une organisation internationale qui fixe les règles du commerce entre les pays. Elle succède au GATT (Accord général sur les tarifs douaniers et le commerce). L'OMC favorise la libéralisation des échanges commerciaux, résout les différends commerciaux et organise des négociations pour réduire les barrières douanières. Elle compte 164 membres et son siège se trouve à Genève.

8. Qu'est-ce que l'OIT ?

L'Organisation internationale du travail (OIT), créée en 1919, est une institution spécialisée de l'ONU. Elle rassemble les gouvernements, les employeurs et les travailleurs dans un cadre tripartite pour promouvoir les droits au travail, améliorer les conditions de travail et développer la protection sociale. Elle élabore également des normes internationales pour lutter contre l'exploitation et promouvoir un travail décent pour tous.

9. Qu’est-ce que le FMI ?

Le Fonds monétaire international (FMI) a été créé en 1944 à Bretton Woods et compte 190 pays membres. Il vise à stabiliser le système monétaire international, soutenir les pays en difficulté financière, promouvoir la coopération économique mondiale et lutter contre la pauvreté. Le FMI accorde des prêts aux États en crise et les aide à mettre en œuvre des réformes économiques.

10. Qu’est-ce que l’OPEP ?

L’Organisation des pays exportateurs de pétrole (OPEP) a été créée en 1960. Elle regroupe 13 pays producteurs de pétrole qui coordonnent leurs politiques pour contrôler la production, réguler les prix et défendre leurs intérêts face aux grandes compagnies pétrolières. Son siège est situé à Vienne, en Autriche.

11. Qu’est-ce que l’AIEA ?

L’Agence internationale de l’énergie atomique (AIEA), créée en 1957, est une organisation internationale sous l’égide de l’ONU. Elle surveille l’utilisation pacifique de l’énergie nucléaire, empêche la prolifération des armes nucléaires et soutient les recherches dans le domaine nucléaire. Elle rend un rapport annuel à l’Assemblée générale des Nations unies. Son siège est à Vienne.

12. Qu'est-ce que l'OCDE ?

L'Organisation de coopération et de développement économiques (OCDE), fondée en 1961, regroupe 38 pays. Elle réalise des études économiques, promeut les échanges et fournit des recommandations politiques pour soutenir la croissance, l'emploi et le commerce international. Son siège est à Paris.

13. Qu'est-ce que l'AIE ?

L'Agence internationale de l'énergie (AIE), créée en 1974 au sein de l'OCDE, est basée à Paris. Elle conseille les pays sur les politiques énergétiques, surveille les marchés mondiaux de l'énergie et développe des stratégies pour favoriser la transition énergétique et la sécurité énergétique mondiale.

14. Qu'est-ce que l'ESA ?

L'Agence spatiale européenne (ESA) est une organisation intergouvernementale créée en 1975. Elle coordonne les programmes spatiaux de 22 pays européens, développe des satellites, participe à l'exploration spatiale et collabore avec d'autres agences comme la NASA. Son siège est situé à Paris.

15. Qu'est-ce que le CERN ?

Le CERN (Organisation européenne pour la recherche nucléaire), fondé en 1954, est le plus grand laboratoire mondial de physique des particules. Situé près de Genève, il abrite le Grand collisionneur de hadrons (LHC), un accélérateur de particules qui permet de faire avancer la recherche fondamentale sur la matière et l'univers.

16. Qu'est-ce que l'ALENA ?

L'Accord de libre-échange nord-américain (ALENA) est un traité signé en 1994 entre les États-Unis, le Canada et le Mexique, visant à créer une vaste zone de libre-échange. En 2020, il a été remplacé par l'Accord Canada–États-Unis–Mexique (ACEUM), qui modernise les règles commerciales entre les trois pays.

17. Qu'est-ce que l'AECG ou CETA ?

L'Accord économique et commercial global (AECG ou CETA) est un traité signé en 2013 entre l'Union européenne et le Canada, appliqué provisoirement depuis 2017. Il supprime la plupart des droits de douane, facilite les échanges et renforce les partenariats économiques entre les deux parties.

18. Qu'est-ce que l'ASEAN ?

L'Association des nations de l'Asie du Sud-Est (ASEAN), créée en 1967, regroupe 10 pays. Elle a pour mission de renforcer la coopération économique, politique et culturelle dans la région et de défendre les intérêts communs de ses membres sur la scène internationale.

19. Qu'est-ce que les BRICS ?

Les BRICS sont un groupe de cinq pays : Brésil, Russie, Inde, Chine et Afrique du Sud. Ces économies émergentes représentent une part importante de la population mondiale et un poids économique croissant. En 2024, le groupe s'est élargi à d'autres pays, renforçant son influence mondiale.

20. Qu'est-ce que le G7 ?

Le Groupe des sept (G7) réunit l'Allemagne, le Canada, les États-Unis, la France, l'Italie, le Japon et le Royaume-Uni. Créé dans les années 1970, il sert de forum de coopération économique, politique et stratégique entre les principales puissances industrialisées.

21. Qu'est-ce que le G20 ?

Le Groupe des vingt (G20), créé en 1999, rassemble 19 grandes économies et l'Union européenne. Il représente environ 80 % du PIB mondial et 75 % du commerce international. Le G20 se réunit chaque année pour coordonner les politiques économiques et répondre aux crises mondiales.

22. Quelle conférence marque le début de la guerre froide (1945)

La conférence de Yalta (février 1945), où les Alliés ont redessiné la carte de l'Europe après la Seconde Guerre mondiale.

23. Quel événement marque la fin de la guerre froide (1991) ?

L'effondrement de l'Union soviétique (URSS).

24. Quel est le premier pays à obtenir son indépendance après la Seconde Guerre mondiale ?

L'Inde, en 1947, marquant le début de la décolonisation.

25. Quelle crise a opposé les États-Unis et l'URSS en 1962 ?

La crise des missiles de Cuba, un moment critique de la guerre froide.

26. Quel événement de 1989 symbolise la fin du bloc communiste en Europe ?

La chute du mur de Berlin.

27. Quel traité a fondé l'Union européenne en 1992 ?

Le traité de Maastricht, signé le 7 février 1992.

28. Quel attentat majeur a eu lieu aux États-Unis en 2001 ?

Les attentats du 11 septembre 2001, visant notamment les tours du World Trade Center.

29. Quel pays est devenu la deuxième puissance économique mondiale en 2010 ?

La Chine, surpassant le Japon.

30. Quel conflit débute en Ukraine en 2014 ?

L'annexion de la Crimée par la Russie et le début du conflit armé dans le Donbass.

31. Quel est le pays le plus peuplé du monde (2025) ?

L'Inde, qui a dépassé la Chine en 2023.

32. Quelle est la plus grande forêt du monde ?

La forêt amazonienne, surnommée le "poumon de la planète".

33. Quels sont les cinq océans du monde ?

L'océan Atlantique, l'océan Pacifique, l'océan Indien, l'océan Arctique et l'océan Austral.

L'Europe

1. Qui sont les pères fondateurs de l'Europe ?

Les pères fondateurs de l'Europe sont principalement **Jean Monnet** et **Robert Schuman**. Jean Monnet, haut fonctionnaire et visionnaire français, a conçu les bases d'une coopération européenne pragmatique et progressive. Robert Schuman, alors ministre français des Affaires étrangères, a présenté le 9 mai 1950 la célèbre **Déclaration Schuman**, appelant à la mise en commun des ressources de charbon et d'acier entre la France, l'Allemagne et d'autres pays volontaires. Cette initiative a posé les fondations de la **Communauté européenne du charbon et de l'acier (CECA)**, première étape de la construction européenne.

2. Quels sont les pays fondateurs de l'Europe ?

La **Communauté économique européenne (CEE)** a été créée par le **Traité de Rome**, signé le 25 mars 1957. Ses six membres fondateurs étaient :

- **Allemagne (RFA)**
- **Belgique**
- **France**
- **Italie**
- **Luxembourg**
- **Pays-Bas**

De 6 pays à l'origine, l'Union européenne compte aujourd'hui **27 États membres** (après le départ du Royaume-Uni en 2020).

3. Quelles sont les dates importantes de la construction européenne ?

Voici les grandes étapes de la construction européenne :

- **1950 – Déclaration Schuman** : Appel à une mise en commun du charbon et de l'acier pour consolider la paix entre les nations européennes.
- **1951 – Création de la CECA** : Naissance de la Communauté européenne du charbon et de l'acier avec 6 pays (France, Allemagne, Belgique, Italie, Luxembourg, Pays-Bas).
- **1957 – Traité de Rome** : Création de la CEE (marché commun) et d'Euratom (Communauté européenne de l'énergie atomique).
- **1979 – Première élection du Parlement européen au suffrage universel direct.**
- **1985 – Accords de Schengen** : Suppression progressive des contrôles aux frontières entre certains pays européens.
- **1986 – Acte unique européen** : Achèvement du marché intérieur et élargissement des compétences de la CEE.
- **1989 – Chute du mur de Berlin** : Ouverture à l'intégration des pays d'Europe centrale et orientale.
- **1992 – Traité de Maastricht** : Création de l'**Union européenne** et mise en place de la citoyenneté européenne. Introduction de la future monnaie unique, l'euro.
- **1997 – Traité d'Amsterdam** : Extension des compétences de l'UE (immigration, emploi, justice).
- **2002 – Mise en circulation de l'euro** : L'euro devient la monnaie officielle de 12 pays.

- **2007 – Traité de Lisbonne** : Renforcement du rôle du Parlement européen et création du poste de président du Conseil européen.
- **2012 – Mécanisme européen de stabilité (MES)** : Dispositif de soutien financier aux États en difficulté dans la zone euro.
- **2013 – Adhésion de la Croatie** : 28e État membre (avant le départ du Royaume-Uni).
- **2016 – Référendum sur le Brexit** : Le Royaume-Uni vote sa sortie de l'UE, effective en 2020.

4. Qu'est-ce que la zone euro ?

La **zone euro** est l'ensemble des pays de l'Union européenne qui ont adopté l'**euro** comme monnaie officielle. Sur les 27 États membres de l'UE, **20 utilisent l'euro** en 2025. La zone euro constitue une union monétaire visant à renforcer la stabilité économique, faciliter les échanges et rapprocher les économies des pays membres.

5. Qu'est-ce que le Conseil de l'Europe ?

Le **Conseil de l'Europe** est une organisation intergouvernementale créée en 1949, distincte de l'Union européenne. Il regroupe **47 États membres**, dont les 27 membres de l'UE, et a pour mission principale la défense des droits de l'homme, de la démocratie et de l'État de droit. À ne pas confondre :

- Avec le **Conseil européen** (réunit les chefs d'État et de gouvernement de l'UE).
- Avec le **Conseil de l'Union européenne** (réunit les ministres des États membres).

6. Qu'est-ce que le Conseil de l'Union européenne ?

Le **Conseil de l'Union européenne**, ou « Conseil des ministres », est l'une des principales institutions de l'UE. Il représente les gouvernements des États membres et partage le pouvoir législatif avec le **Parlement européen**. Il adopte les lois européennes, approuve le budget et coordonne les politiques dans plusieurs domaines (économie, sécurité, politique étrangère).

7. Qu'est-ce que la Commission européenne ?

La **Commission européenne** est l'organe exécutif de l'UE. Elle est composée de **27 commissaires** (un par État membre) proposés par les gouvernements et approuvés par le Parlement européen. Elle a le monopole de l'initiative législative (propose les lois), veille à leur application et gère les programmes et le budget de l'Union. Son siège est à **Bruxelles**.

8. Qu'est-ce que le Parlement européen ?

Le **Parlement européen** est l'organe législatif représentant les citoyens de l'Union. Élu au **suffrage universel direct** tous les 5 ans, il partage le pouvoir législatif et budgétaire avec le Conseil de l'UE. Son siège officiel est à **Strasbourg**, mais il tient également des sessions à Bruxelles.

9. Combien y a-t-il d'eurodéputés ?

Le **Parlement européen** compte **705 députés**, qui représentent environ **360 millions d'électeurs** dans l'UE. Le nombre de députés par pays est proportionnel à la population, mais avec un système de représentation dégressive.

10. Qu'est-ce que le Conseil européen ?

Le **Conseil européen** réunit les **chefs d'État et de gouvernement** des 27 États membres, le président de la Commission et son propre président élu. Il fixe les grandes orientations politiques de l'UE mais n'adopte pas de lois.

11. Quelle est la date de la Journée de l'Europe ?

La **Journée de l'Europe** est célébrée chaque année le **9 mai**. Elle commémore la **Déclaration Schuman** de 1950, qui est considérée comme l'acte fondateur de la construction européenne.

12. Quel est l'hymne européen ?

L'**hymne européen** est l'**Ode à la joie**, extrait de la **9e symphonie de Beethoven**. Il symbolise l'unité et la fraternité entre les peuples européens.

13. Que représentent les étoiles sur le drapeau européen ?

Le **drapeau européen** comporte un cercle de **12 étoiles dorées sur fond bleu**. Elles symbolisent l'unité, la solidarité et l'harmonie entre les peuples d'Europe. Le nombre d'étoiles n'est pas lié au nombre d'États membres.

14. Combien y a-t-il de pays dans l'Union européenne ?

L'Union européenne compte actuellement **27 États membres.**

15. Expliquez le Brexit.

Le **Brexit** désigne la sortie du **Royaume-Uni** de l'Union européenne. Cette décision a été prise par référendum en juin 2016 (51,9 % des voix pour la sortie). Le Royaume-Uni a officiellement quitté l'UE le **31 janvier 2020**, mettant fin à 47 ans d'appartenance.

16. Quelles sont les institutions importantes de l'UE ?

Les principales institutions sont :

- La **Commission européenne** : propose et met en œuvre les politiques.
- Le **Conseil de l'UE** : adopte les lois avec le Parlement.
- Le **Parlement européen** : représente les citoyens.
- Le **Conseil européen** : fixe les grandes orientations politiques.
- La **Banque centrale européenne (BCE)** : gère la politique monétaire de la zone euro.
- La **Cour de justice de l'UE (CJUE)** : veille au respect du droit européen.

17. Qu'est-ce que l'ERCC ?

Le **Centre de coordination de la réaction d'urgence (ERCC)** est un organe central du **Mécanisme de protection civile de l'Union européenne**. Il a pour mission de coordonner l'aide d'urgence lors de catastrophes majeures (incendies, inondations, tremblements de terre, pandémies, crises humanitaires).

Fonctionnement :

- Il travaille 24 h/24 et 7 j/7.
- Il mobilise rapidement les ressources (personnel de secours, matériel, expertise technique) des États membres et des pays partenaires.
- Il peut intervenir **au sein de l'UE** mais aussi **à l'international** à la demande d'un pays ou d'organisations comme l'ONU.

  L'ERCC dépend de la **Commission européenne (Direction générale ECHO)** et sert de **plateforme de coordination** entre les États membres, les pays sinistrés et les experts en protection civile.

18. Qu'est-ce que la BCE ?

La **Banque centrale européenne (BCE)**, créée en 1998 et basée à Francfort, est l'institution responsable de la **politique monétaire de la zone euro**.

Ses missions principales sont :

- **Maintenir la stabilité des prix** pour protéger le pouvoir d'achat.
- **Fixer les taux d'intérêt** et réguler l'inflation dans la zone euro.
- **Superviser les grandes banques** européennes dans le cadre de l'Union bancaire.
- Contribuer à la stabilité financière globale et à la sécurité du système bancaire.

  La BCE joue un rôle clé dans les périodes de crise (ex. : crise financière de 2008, pandémie de COVID-19) en injectant des liquidités et en soutenant les États membres via des mécanismes comme le **programme d'achats d'urgence (PEPP)**.

19. Quelles sont les politiques communes de l'Union européenne ?

L'Union européenne a développé plusieurs **politiques communes** pour renforcer la cohésion entre ses membres et répondre aux grands défis.

a) Politique agricole commune (PAC)

- Objectifs : garantir la sécurité alimentaire, stabiliser les revenus des agriculteurs, soutenir une agriculture durable.
- Instruments : aides directes aux agriculteurs, régulation des marchés agricoles, soutien au développement rural.
- Réformes récentes : conditionnement des aides au respect de normes environnementales, encouragement à l'agriculture biologique.

b) Politique de cohésion économique, sociale et territoriale

- Objectifs : réduire les écarts de développement entre les régions, favoriser la croissance et l'emploi.
- Instruments : Fonds européen de développement régional (FEDER), Fonds social européen (FSE+), Fonds de cohésion.

c) Politique commerciale commune

- Objectifs : défendre les intérêts commerciaux de l'UE, promouvoir le libre-échange.
- Instruments : accords de libre-échange (ex. : CETA), politique douanière commune, sanctions économiques contre les pays tiers si nécessaire.

d) Politique monétaire et économique

- Objectifs : stabiliser l'euro, coordonner les politiques économiques.
- Acteurs : BCE, Pacte de stabilité et de croissance, Semestre européen.
- Réformes : plan de relance "Next Generation EU" (750 milliards d'euros).

e) Politique de la concurrence

- Objectifs : garantir une concurrence équitable, lutter contre les abus de position dominante, encadrer les aides d'État.

f) Politique environnementale et climatique

- Objectifs : atteindre la neutralité carbone d'ici 2050 via le **Pacte vert européen (Green Deal)**.
- Instruments : taxation carbone aux frontières, quotas d'émissions, financement de la transition énergétique.

g) Politique de sécurité et de défense (PCSD)

- Objectifs : renforcer la coopération militaire entre États membres, mener des opérations extérieures, développer l'autonomie stratégique européenne.

h) Politique migratoire et d'asile

- Objectifs : gérer les flux migratoires, protéger les frontières extérieures via **FRONTEX**, harmoniser les procédures d'asile.

20. Quelle est la place de la France dans l'Union européenne

La **France** est un **membre fondateur** et un **pilier central** de l'Union européenne. Elle joue un rôle moteur dans les grandes orientations de l'UE.

Rôle historique :

- Signataire des traités fondateurs (CECA, CEE, Traité de Rome).
- Influence des dirigeants français : Robert Schuman (Déclaration Schuman), François Mitterrand (Traité de Maastricht), Emmanuel Macron (Europe de la défense et Green Deal).

Poids politique et institutionnel :

- Deuxième pays le plus peuplé (68 millions d'habitants).
- 81 députés au Parlement européen.
- Siège officiel du Parlement européen à Strasbourg.
- Partenaire clé du **couple franco-allemand**, moteur des réformes de l'UE.

Rôle économique et financier :

- Deuxième économie de l'UE avec un PIB de 2 800 milliards d'euros.

- Premier bénéficiaire de la **PAC** (premier producteur agricole européen).
- Acteur majeur dans l'aéronautique (Airbus), l'énergie (EDF, TotalEnergies) et le luxe.

Influence diplomatique et militaire :

- Seul État de l'UE doté de l'arme nucléaire.
- Membre permanent du **Conseil de sécurité de l'ONU**.
- Acteur clé de la **Politique de Sécurité et de Défense Commune** (missions au Sahel, Méditerranée).

Engagements stratégiques :

- Leader sur le **Green Deal** et la taxe carbone aux frontières.
- Défenseur d'une **Europe plus souveraine** sur le plan numérique et technologique.
- Promoteur d'un **budget renforcé de la zone euro** et de l'investissement dans les technologies d'avenir.

En résumé, la France reste un **moteur politique, économique et militaire** de l'Union européenne, bien que confrontée à des défis (montée de l'euroscepticisme, débats sur la souveraineté).

La France

1. Quelle est la devise de la France ?

La devise de la République française est **« Liberté, Égalité, Fraternité »**. Elle apparaît sur les bâtiments publics et les documents officiels. Adoptée sous la **Deuxième République en 1848**, elle s'inspire directement des idéaux de la **Déclaration des droits de l'homme et du citoyen de 1789**. Elle résume l'esprit républicain : la liberté pour chaque citoyen, l'égalité devant la loi et la fraternité comme valeur de cohésion nationale.

2. Que représentent les couleurs du drapeau français ?

Le **drapeau tricolore bleu-blanc-rouge** est né sous la **Révolution française**. Le **bleu et le rouge** sont les couleurs de la ville de **Paris**, et le **blanc** représente la monarchie. Leur association symbolise la réconciliation entre le peuple et le roi. Il est l'emblème officiel de la **Cinquième République**.

3. Qui a écrit La Marseillaise ?

La Marseillaise a été écrite et composée en 1792 par **Claude-Joseph Rouget de Lisle**, alors capitaine du génie à Strasbourg. Ce chant révolutionnaire, d'abord intitulé « Chant de guerre pour l'armée du Rhin », est devenu l'hymne national en 1795.

4. Combien la France compte-t-elle de régions et de départements ?

La France compte **18 régions** :

- **13 régions métropolitaines**, dont la Corse.
- **5 régions d'outre-mer**, qui sont également des départements : **Guadeloupe, Martinique, Guyane, La Réunion et Mayotte**.
  Elle compte également **101 départements**.

5. Que sont les TAAF ?

Les **Terres australes et antarctiques françaises (TAAF)** sont une collectivité d'outre-mer créée en 1955. Elles regroupent cinq districts :

- **Archipel Crozet**,
- **Îles Kerguelen**,
- **Îles Éparses de l'océan Indien**,
- **Îles Saint-Paul et Nouvelle-Amsterdam**,
- **La Terre Adélie** (secteur antarctique revendiqué par la France).

6. Combien la France compte-t-elle de communes ?

La France compte **environ 34 967 communes** en métropole et outre-mer, auxquelles s'ajoutent une centaine de communes dans les collectivités d'outre-mer et en Nouvelle-Calédonie. C'est le pays européen qui compte le plus grand nombre de communes.

7. Qui était Napoléon Bonaparte ?

Napoléon Bonaparte (1769-1821) fut un général, Premier consul puis **empereur des Français** (1804-1814, puis Cent-Jours en 1815). Stratège militaire de génie, il a profondément réformé l'État (Code civil, lycées, Banque de France) et marqué l'histoire européenne par ses conquêtes. Exilé après sa défaite à Waterloo, il meurt à Sainte-Hélène en 1821.

8. Qui était Jean Moulin ?

Jean Moulin (1899-1943) était un haut fonctionnaire et **héros de la Résistance**. Envoyé par **Charles de Gaulle** pour unifier les mouvements de résistance, il fonde le **Conseil national de la Résistance (CNR)**. Arrêté et torturé par la Gestapo, il meurt en déportation.

9. Qui était Charles de Gaulle ?

Charles de Gaulle (1890-1970) fut militaire, chef de la France libre durant la Seconde Guerre mondiale, fondateur de la **Cinquième République** et **président de la République (1959-1969)**. Il est notamment l'auteur de l'**Appel du 18 juin 1940**, qui incita les Français à résister face à l'Allemagne nazie.

10. Quelle est la superficie de la France ?

La France métropolitaine et ultramarine couvre **551 695 km²**, ce qui en fait le plus vaste pays de l'Union européenne.

11. Citer les 5 fleuves principaux de France.

- **La Seine**
- **La Loire** (le plus long)
- **Le Rhône**
- **La Garonne**

- **Le Rhin**

12. Quel est le plus haut sommet de France ?

Le **Mont Blanc**, situé dans les Alpes, culmine à **4 810 mètres**, ce qui en fait également le plus haut sommet d'Europe occidentale.

13. Citer des livres de Victor Hugo.

Parmi ses œuvres majeures :

- **Notre-Dame de Paris** (1831)
- **Les Misérables** (1862)
- **Les Contemplations** (1856)
- **La Légende des siècles** (1859-1883).

14. Quel roi a été décapité ?

Louis XVI a été exécuté par guillotine le **21 janvier 1793** après avoir été reconnu coupable de trahison par la Convention nationale.

15. Qui était Robespierre ?

Maximilien Robespierre (1758-1794) fut un avocat et homme politique, figure majeure de la **Révolution française**. Membre influent du **Comité de salut public**, il incarne la période de la **Terreur** (1793-1794). Défenseur du suffrage universel masculin et de l'abolition de l'esclavage, il est exécuté le 28 juillet 1794.

16. Quelles sont les dates des différentes Constitutions françaises ?

- **1793** : Première République
- **1848** : Deuxième République
- **1875** : Troisième République
- **1946** : Quatrième République
- **1958** : Cinquième République (toujours en vigueur).

17. Citer des grands peintres français.

- **Paul Cézanne**
- **Claude Monet**
- **Paul Gauguin**
- **Henri Matisse**
- **Théodore Géricault**.

18. Citer des grands écrivains français.

- **Molière**
- **Marcel Proust**
- **Gustave Flaubert**
- **Jean-Paul Sartre**
- **Simone de Beauvoir**
- **Albert Camus**
- **Charles Baudelaire**
- **Émile Zola**.

19. Qu'est-ce que le Panthéon ?

Le **Panthéon** est un monument parisien du XVIIIe siècle, initialement conçu comme église. Depuis la Révolution, il est devenu un lieu où reposent de grandes figures françaises : **Voltaire, Rousseau, Victor Hugo, Jean Moulin, Simone Veil, Joséphine Baker**, etc.

20. Qu'est-ce que la Révolution française de 1789 ?

La **Révolution française** (1789-1799) renversa la monarchie absolue et mit fin à l'Ancien Régime. Elle débute avec l'ouverture des États généraux et la **prise de la Bastille (14 juillet 1789)**, et aboutit à l'instauration de la **Première République**.

21. En quelle année est rédigée la Déclaration des droits de l'homme ?

Elle est adoptée en **août 1789** par l'Assemblée constituante et proclame les libertés fondamentales : égalité devant la loi, liberté d'expression, droit de propriété, souveraineté nationale.

22. Quelles sont les dates de la Première Guerre mondiale

La **Première Guerre mondiale** a lieu de **1914 à 1918**. L'armistice est signé le **11 novembre 1918** à Rethondes.

23. Quelles sont les dates de la Seconde Guerre mondiale

La **Seconde Guerre mondiale** s'étend de **1939 à 1945**. En Europe, l'Allemagne nazie capitule le **8 mai 1945**, et la guerre prend fin le **2 septembre 1945** après la capitulation du Japon.

24. Qu'appelle-t-on la période des Lumières ?

Les **Lumières** désignent un mouvement philosophique et culturel du XVIIIe siècle. Des penseurs comme **Voltaire, Montesquieu, Rousseau** prônent la raison, la tolérance et la diffusion du savoir contre l'ignorance et l'obscurantisme.

25. La France en quelques chiffres (2025)

- **Population** : ~68 millions d'habitants
- **Chômage** : environ 7 %
- **PIB** : environ 2 800 milliards d'euros
- **Dette publique** : ~3 100 milliards d'euros.

26. Quelle est la date de la prise de la Bastille et son importance ?

La **prise de la Bastille** a lieu le **14 juillet 1789**. Elle symbolise la révolte populaire contre l'absolutisme et marque le début de la Révolution française.

27. Quel régime politique est instauré après la révolution de 1848 ?

La **Deuxième République** est proclamée en février 1848. Elle abolit l'esclavage dans les colonies françaises et instaure le **suffrage universel masculin**.

28. Quel événement marque la fin de la monarchie en France

La **proclamation de la Première République**, le **21 septembre 1792**, marque la fin de la monarchie.

29. Quelle guerre oppose la France et la Prusse en 1870 ?
La **guerre franco-prussienne** (1870-1871), qui entraîne la chute du **Second Empire** et la proclamation de la **Troisième République**.

30. Quelle institution est mise en place par la Constitution de 1875 ?

La **Troisième République**, dotée d'un régime parlementaire.

31. Quelle grande réforme est mise en place sous le Front populaire en 1936 ?

Les **congés payés** (2 semaines) et la **semaine de 40 heures**, ainsi que d'autres avancées sociales (conventions collectives, hausse des salaires).

32. Qui prononce l'Appel du 18 juin 1940 et pourquoi ?

Le **général de Gaulle**, depuis Londres, lance l'**Appel du 18 juin 1940** pour inciter les Français à poursuivre la lutte contre l'Allemagne nazie.

33. Quelle est la date de création de la IVe République ?

La **IVe République** est proclamée le **27 octobre 1946**, après la Seconde Guerre mondiale.

34. Quelle est la date d'entrée en vigueur de la Constitution de la Cinquième République ?

La **Cinquième République** est instaurée le **4 octobre 1958**, sous l'impulsion de Charles de Gaulle.

35. Quel président a instauré l'élection du président au suffrage universel direct ?

Charles de Gaulle, par référendum en **1962**.

36. Quelle réforme de 2000 a modifié la durée du mandat présidentiel ?

La **réduction du mandat présidentiel** de 7 à 5 ans (quinquennat), mise en place sous **Jacques Chirac**.

37. Quel président a aboli la peine de mort en France ?

François Mitterrand, en **1981**, grâce à la loi portée par son ministre de la Justice **Robert Badinter**.

38. Quel président a mis en place le Service National Universel (SNU) ?

Emmanuel Macron, en 2019, pour renforcer la cohésion nationale et l'engagement citoyen des jeunes.

39. Quelle loi a instauré la laïcité en France ?

La **loi de 1905** sur la **séparation des Églises et de l'État**, garantissant la liberté de conscience et la neutralité de l'État.

40. Qu'est-ce que la Déclaration des droits de l'homme et du citoyen ?

Texte fondamental adopté en **1789**, affirmant les droits naturels, inaliénables et sacrés de l'homme (liberté, égalité, sûreté, propriété).

L'Etat

1. Qu'est-ce qu'une Constitution ?

Une **Constitution** est la **loi fondamentale** d'un État. Elle définit l'organisation et le fonctionnement des institutions, précise la répartition des pouvoirs et garantit les droits et libertés fondamentaux des citoyens.

La **Constitution française du 4 octobre 1958** fonde la **Cinquième République**, toujours en vigueur aujourd'hui. Elle a été **révisée 24 fois** (notamment en 2000 pour passer au quinquennat, en 2008 pour renforcer le rôle du Parlement et limiter l'usage du 49-3). Malgré ces révisions, elle demeure l'une des plus stables de l'histoire française.

2. Qu'est-ce que la République ?

La **République** est une forme d'organisation politique dans laquelle **le pouvoir appartient au peuple**, qui l'exerce directement ou par l'intermédiaire de représentants élus. Le chef de l'État **n'y détient pas le pouvoir par héritage** et ses fonctions sont limitées par la loi.

La République française repose sur trois grands principes : **Liberté, Égalité, Fraternité**, inscrits dans la Constitution et symbolisés sur les bâtiments publics.

3. Citer les présidents de la Cinquième République.

- **Charles de Gaulle** : 1959 – 1969
- **Georges Pompidou** : 1969 – 1974
- **Valéry Giscard d'Estaing** : 1974 – 1981
- **François Mitterrand** : 1981 – 1995

- **Jacques Chirac** : 1995 – 2007
- **Nicolas Sarkozy** : 2007 – 2012
- **François Hollande** : 2012 – 2017
- **Emmanuel Macron** : 2017 – aujourd'hui (*réélu en 2022 ; deuxième mandat en cours en 2025*).

4. Qui est le chef des armées ?

Le **président de la République** est le chef des armées (article 15 de la Constitution). Il préside les conseils et comités supérieurs de la Défense nationale et peut décider de l'engagement des forces armées.

5. Qu'est-ce que la séparation des pouvoirs ?

La **séparation des pouvoirs**, inspirée de Montesquieu, vise à **limiter les abus de pouvoir** en répartissant les fonctions de l'État entre trois organes :

- **Le pouvoir législatif** : vote les lois (Parlement).
- **Le pouvoir exécutif** : met en œuvre les lois (Président et Gouvernement).
- **Le pouvoir judiciaire** : contrôle l'application des lois (tribunaux et magistrats).

6. Quel est le rôle du pouvoir législatif ?

- **Voter les lois** proposées par le Gouvernement (projets de loi) ou les parlementaires (propositions de loi).
- **Contrôler le Gouvernement** (questions au gouvernement, commissions d'enquête, motion de censure).
- **Voter le budget de l'État**.

- **Assurer l'intérim du chef de l'État** en cas de vacance (par le président du Sénat).

7. Qui exerce le pouvoir législatif en France ?

Le **Parlement** exerce le pouvoir législatif. Il est composé de deux chambres :

- **L'Assemblée nationale** (577 députés élus au suffrage universel direct, siège au Palais Bourbon).
- **Le Sénat** (348 sénateurs élus au suffrage indirect, siège au Palais du Luxembourg).

8. Quel est le rôle du pouvoir exécutif ?

Sous la Cinquième République, le pouvoir exécutif est partagé entre :

- **Le président de la République** : chef de l'État, garant des institutions, chef des armées, diplomatie, nominations aux postes clés.
- **Le Gouvernement** dirigé par le Premier ministre : met en œuvre les lois, dirige l'administration, élabore le budget, négocie et signe les décrets d'application.

9. Quel est le rôle du pouvoir judiciaire ?

Le **pouvoir judiciaire** garantit l'application de la loi, tranche les litiges et sanctionne les infractions.
Il est composé :

- **Des juridictions civiles et pénales** (tribunaux, cours d'appel, Cour de cassation).

- **Des juridictions administratives** (tribunaux administratifs, cours administratives d'appel, Conseil d'État).

10. Quelle est l'organisation juridictionnelle en France ?

Elle se divise en deux grands ordres :

- **Ordre judiciaire** : tribunaux judiciaires, cours d'appel, Cour de cassation (litiges entre particuliers, droit pénal).
- **Ordre administratif** : tribunaux administratifs, cours administratives d'appel, Conseil d'État (litiges impliquant l'administration).

11. Qu'est-ce que la jurisprudence ?

La **jurisprudence** est l'ensemble des décisions de justice qui interprètent et précisent les lois. Elle joue un rôle essentiel lorsqu'un texte est flou ou incomplet, complétant ainsi le travail du législateur.

12. Qu'est-ce que le Conseil d'État ?

Le **Conseil d'État** est la plus haute juridiction administrative française. Il juge les litiges administratifs et conseille le Gouvernement sur les projets de loi avant leur adoption.

13. Qu'est-ce que la Cour des comptes ?

La **Cour des comptes** contrôle l'utilisation des finances publiques : budget de l'État, collectivités, Sécurité sociale, organismes bénéficiant de fonds publics. Elle publie chaque année un **rapport public** très attendu.

14. Qu'est-ce que le CESE ?

Le **Conseil économique, social et environnemental (CESE)** est une assemblée consultative composée de représentants de la société civile (patronat, syndicats, associations). Il rend des avis au Gouvernement et au Parlement sur les grands projets de loi.

15. Qu'est-ce que le Conseil constitutionnel ?

Le **Conseil constitutionnel** vérifie que les lois et règlements sont conformes à la Constitution. Il veille aussi à la régularité des élections et référendums.
Il compte **9 membres** nommés pour 9 ans (3 par le président de la République, 3 par le président du Sénat et 3 par celui de l'Assemblée nationale).

16. Qu'est-ce que la hiérarchie des normes ?

La **hiérarchie des normes** organise les règles juridiques :

1. **La Constitution** et les normes constitutionnelles (dont la Déclaration des droits de l'homme et du citoyen).
2. **Les traités internationaux et européens**.
3. **Les lois**.
4. **Les règlements** (décrets, arrêtés).
5. **Les actes administratifs**.

17. Qu'est-ce que le Journal officiel ?

Le **Journal officiel de la République française** publie toutes les lois, décrets, arrêtés et annonces légales. Sa publication donne force exécutoire aux textes.

18. Comment est élaborée une loi ?

1. **Initiative** : Gouvernement (projet de loi) ou parlementaires (proposition de loi).
2. **Examen et vote** : discussion dans les deux chambres (Assemblée nationale et Sénat).
3. **Commission mixte paritaire** : en cas de désaccord, elle rédige un texte commun.
4. **Promulgation** : le président signe la loi.
5. **Publication** : la loi paraît au Journal officiel.

19. Qui sont les préfets ?

Les **préfets** représentent l'État dans les départements et régions. Nommés par décret présidentiel, ils assurent le maintien de l'ordre, la sécurité et l'application des lois.

20. Qu'est-ce que l'ordre public ?

L'**ordre public** regroupe la **sécurité publique**, la **tranquillité publique** et la **salubrité publique**. Il justifie certaines restrictions aux libertés (ex. : couvre-feu, interdictions administratives).

21. Qu'est-ce que la motion de censure ?

La **motion de censure** permet à l'Assemblée nationale de **renverser le Gouvernement**. Elle doit être déposée par au moins **1/10 des députés** et adoptée à la majorité absolue (289 voix).

22. Qu'est-ce que l'article 49-3 ?

L'**article 49-3** permet au Gouvernement d'**adopter un texte sans vote**, sauf si l'Assemblée vote une motion de censure. Depuis la réforme de 2008, son usage est limité aux lois de finances et à un texte par session parlementaire.

23. Qu'est-ce qu'une commission mixte paritaire ?

Une **commission mixte paritaire (CMP)** est une instance temporaire composée à parts égales de **7 députés et 7 sénateurs**. Elle est convoquée lorsqu'un projet ou une proposition de loi a été examiné par les deux chambres et qu'un désaccord persiste.
Son rôle est de **trouver un compromis** sur un texte commun. Si la CMP échoue, le dernier mot revient généralement à l'**Assemblée nationale**, conformément à la Constitution.

24. Expliquez les institutions de la Cinquième République.

Les institutions de la **Cinquième République** (Constitution du 4 octobre 1958) sont organisées autour d'un **régime semi-présidentiel** avec une séparation souple des pouvoirs

- **Le président de la République** : chef de l'État, garant des institutions, élu au suffrage universel direct (mandat de 5 ans).
- **Le Gouvernement** : dirigé par le Premier ministre, met en œuvre les politiques publiques et gère l'administration.
- **Le Parlement** : composé de l'Assemblée nationale et du Sénat, il vote les lois et contrôle le Gouvernement.
- **Le Conseil constitutionnel** : contrôle la conformité des lois à la Constitution.
- **Le Conseil d'État et les juridictions administratives et judiciaires** : veillent au respect de la légalité.

25. Expliquez les différentes élections en France.

Les principales élections sont :

- **Présidentielles** : tous les 5 ans, au suffrage universel direct.
- **Législatives** : pour élire les députés (tous les 5 ans).
- **Sénatoriales** : renouvellement partiel des sénateurs tous les 3 ans (suffrage indirect).
- **Municipales** : tous les 6 ans, pour élire les conseils municipaux.
- **Régionales et départementales** : tous les 6 ans, pour élire les conseils régionaux et départementaux.
- **Européennes** : tous les 5 ans, pour élire les eurodéputés.

26. Qu'est-ce qu'un mode de scrutin ?

Un **mode de scrutin** est le système utilisé pour désigner les élus lors d'un vote. Il détermine **comment les voix des électeurs se traduisent en sièges**.
En France, on distingue principalement :

- **Le scrutin majoritaire** (ex. : présidentielles, législatives).
- **Le scrutin proportionnel** (ex. : européennes).
- **Les scrutins mixtes**, combinant les deux (ex. : municipales dans les villes de plus de 1 000 habitants).

27. Qu'est-ce qu'un scrutin majoritaire ?

Le **scrutin majoritaire** permet d'élire le ou les candidats ayant obtenu le plus de voix.

- **Uninominal** : un seul siège à pourvoir (ex. : présidentielles).
- **Plurinominal** : plusieurs sièges à pourvoir (ex. : départementales).
  Il peut être organisé **à un ou deux tours** (les législatives et présidentielles utilisent un système à deux tours).

28. Qu'est-ce qu'un scrutin proportionnel ?

Le **scrutin proportionnel** vise à **refléter le plus fidèlement possible le poids des différentes forces politiques**. Les sièges sont attribués proportionnellement au nombre de voix recueillies.
Il favorise le multipartisme mais peut rendre plus difficile la

formation de majorités stables (exemple : élections européennes).

29. Qu'est-ce qu'un scrutin mixte ?

Les **scrutins mixtes** combinent les avantages du système majoritaire et du système proportionnel.
Exemple : **élections municipales** dans les communes de plus de 1 000 habitants :

- La moitié des sièges est attribuée à la liste arrivée en tête.
- L'autre moitié est répartie proportionnellement entre les listes ayant obtenu au moins 5 % des voix.

30. Qu'est-ce qu'un acte administratif ?

Un **acte administratif** est une décision prise par une **autorité publique** qui s'impose de manière unilatérale aux administrés. Exemple : un arrêté du maire réglementant la circulation.
Il se distingue du **contrat administratif**, qui suppose un accord entre deux parties.

31. Citez des actes unilatéraux.

- **Décrets** : actes du président ou du Premier ministre.
- **Arrêtés** : ministériels, préfectoraux ou municipaux.
- **Documents budgétaires** : budgets votés par les collectivités ou l'État.

32. Qu'est-ce qu'un contrat administratif ?

C'est un **contrat conclu entre une personne publique** (État, commune, région) et une personne privée ou publique, dans le but de gérer un service public ou réaliser des travaux. Exemples : marché public, contrat de délégation de service public.

33. Qu'est-ce que le droit pénal ?

Le **droit pénal** fixe les comportements interdits et les sanctions applicables (amendes, prison). Il vise à **protéger la société** et à punir les auteurs d'infractions (contraventions, délits, crimes).

34. Qu'est-ce que le droit civil ?

Le **droit civil** régit les relations entre particuliers : mariage, filiation, succession, contrats, responsabilité civile. Il protège les droits des citoyens et organise la vie sociale.

35. Qu'est-ce qu'un code ?

Un **code** est un recueil de textes législatifs et réglementaires organisés par thème.
Exemples :

- **Code pénal** (infractions et peines).
- **Code civil** (droit des personnes et des biens).
- **Code de la route**.

36. Combien de signatures faut-il pour un référendum d'initiative citoyenne ?

En France, le **référendum d'initiative citoyenne (RIC)** n'existe pas encore. Le **référendum d'initiative partagée (RIP)**, introduit en 2008, nécessite le soutien de **1/5 des parlementaires** et **1/10 des électeurs inscrits** (soit environ 4,8 millions de signatures).

37. Qu'est-ce que la loi de finances ?

La **loi de finances** fixe chaque année le **budget de l'État** : recettes (impôts) et dépenses (fonctionnement des services publics, investissements, etc.).
Les collectivités locales votent leur propre budget, indépendamment.

38. Qui peut élaborer des ordonnances ?

Le **Gouvernement** peut prendre des **ordonnances** après y avoir été autorisé par le Parlement (article 38 de la Constitution). Elles ont force de loi après ratification parlementaire.

39. Qui élabore les décrets ?

Les **décrets** sont des actes réglementaires signés par le **Premier ministre** et parfois par le **président de la République**. Ils précisent les modalités d'application des lois.

40. Qui élabore les arrêtés et les circulaires ?

Les **arrêtés** sont des actes réglementaires pris par des ministres, préfets ou maires.
Les **circulaires** sont des instructions adressées aux services administratifs pour expliquer comment appliquer les lois et règlements.

41. Qu'est-ce qu'une motion de censure ?

La **motion de censure** est un mécanisme par lequel l'Assemblée nationale peut **renverser le Gouvernement**.
Deux types :

- **Spontanée** (article 49-2) : déposée par au moins 1/10 des députés.
- **Provoquée** (article 49-3) : si le Gouvernement engage sa responsabilité sur un texte et que la motion est adoptée.
  Il faut **289 voix (majorité absolue)** pour qu'elle soit adoptée.

42. Qu'est-ce que l'article 49-3 ?

L'**article 49 alinéa 3** permet au Gouvernement d'**adopter un texte sans vote**, sauf si une motion de censure est votée dans les 24 heures.
Depuis 2008, son usage est limité à **un texte par session parlementaire**, sauf pour les lois de finances et de financement de la Sécurité sociale.

1. Qu'est-ce qu'une Constitution et pourquoi est-elle essentielle dans un régime démocratique ?

La Constitution est **la norme suprême de l'État**, qui définit :

- **L'organisation des pouvoirs publics** (exécutif, législatif, judiciaire).
- **Les droits et libertés fondamentaux** des citoyens (liberté d'expression, égalité, suffrage universel...).
- **Le fonctionnement des institutions et la séparation des pouvoirs**, garantissant un équilibre entre eux.

Rôle dans un régime démocratique :

- Elle **garantit l'État de droit** et prévient les dérives autoritaires.
- Elle **protège les droits et libertés fondamentaux**.
- Elle **assure la stabilité politique et institutionnelle**.

Exemples :

- En France, la **Constitution de 1958** instaure un régime semi-présidentiel.
- Aux États-Unis, la **Constitution de 1787** met en place un régime présidentiel avec séparation stricte des pouvoirs.

2. Quelles sont les caractéristiques de la Déclaration des Droits de l'Homme et du Citoyen (DDHC) de 1789 et son influence sur les Constitutions françaises ?

Adoptée le **26 août 1789** par l'Assemblée nationale constituante, la DDHC s'inspire des **Lumières** et marque la rupture avec l'Ancien Régime.

Principes clés :

- **Égalité** devant la loi et fin des privilèges (Art. 1).
- **Souveraineté nationale** : le pouvoir appartient au peuple (Art. 3).
- **Libertés fondamentales** : expression, opinion, presse, propriété (Art. 4 et 11).
- **Séparation des pouvoirs** (Art. 16).

Influence sur les Constitutions françaises :

- **1791** : création d'une monarchie constitutionnelle.
- **1848** : renforcement des droits sociaux et abolition de l'esclavage.
- **1946 et 1958** : intégration de la DDHC dans le préambule, lui conférant une valeur constitutionnelle.

3. Quels sont les principes fondamentaux de la Constitution de 1946 et en quoi marque-t-elle une rupture ?

La **Constitution de 1946**, adoptée après la Seconde Guerre mondiale, fonde la **Quatrième République** et traduit la volonté de bâtir un **État démocratique et social**.

Principes fondamentaux :

- **Renforcement du Parlement** : régime parlementaire avec un exécutif affaibli.
- **Droits économiques et sociaux** : droit au travail, santé, éducation.
- **Égalité hommes-femmes** (le droit de vote des femmes, acquis en 1944, est consolidé).
- **Décolonisation progressive** et création de l'**Union française**.

Rupture avec les régimes précédents :

- Par rapport à la **IIIe République** : intégration des droits sociaux.
- Par rapport au **régime de Vichy** : retour aux principes démocratiques et suppression des lois discriminatoires.
- Mais : **instabilité ministérielle chronique** liée à un exécutif faible.

4. Pourquoi la Constitution de 1958 a-t-elle été adoptée et quelles sont ses innovations ?

La **Constitution de 1958**, fondatrice de la **Cinquième République**, répond à la crise politique de la IVe République (instabilité, guerre d'Algérie).
Innovations majeures :

Renforcement du pouvoir exécutif :

- Le **Président de la République devient central** : nomination du Premier ministre, dissolution de l'Assemblée, recours au référendum (Art. 11), pouvoirs exceptionnels (Art. 16).

Rationalisation du parlementarisme :

- Limitation des motions de censure (Art. 49 al. 3).
- Réduction du rôle du Parlement dans les lois budgétaires et législatives.

Référendum et démocratie directe :

- Introduction du **référendum législatif** (Art. 11).
- Création du **Conseil constitutionnel** pour contrôler la conformité des lois.

Modernisation :

- Décentralisation (lois Defferre de 1982).
- Création de la **Communauté française** pour accompagner la décolonisation.

5. Quelles sont les évolutions majeures de la Constitution de 1958 ?

Depuis 1958, **plus de 24 révisions** ont modernisé la Constitution.

Réformes clés :

- **1962** : élection du Président au **suffrage universel direct**.
- **1974** : saisine du Conseil constitutionnel par **60 parlementaires**.
- **2000** : passage du mandat présidentiel à **5 ans** (quinquennat).
- **2008** : réforme majeure (Sarkozy) :
    - Renforcement du rôle du Parlement.
    - Limitation à **deux mandats consécutifs** pour le Président.

    - Introduction de la **Question Prioritaire de Constitutionnalité (QPC)** : tout citoyen peut contester une loi.

Conséquences :

- Meilleure protection des droits fondamentaux.
- Modernisation des institutions.
- Stabilité accrue, mais critiques sur l'**hyperprésidentialisme**.

6. Qu'est-ce qu'un régime semi-présidentiel ?

Un régime semi-présidentiel est **hybride**, combinant :

- **Un Président élu au suffrage universel** avec des pouvoirs forts.
- **Un gouvernement responsable devant le Parlement** (qui peut le renverser par motion de censure).

Différence avec un régime présidentiel (USA) : le gouvernement reste responsable devant le Parlement.
Différence avec un régime parlementaire (Royaume-Uni) : le Président conserve un rôle central.

7. Quelles sont les caractéristiques du régime semi-présidentiel français ?

- **Un Président puissant :**
    - Chef de l'État et garant des institutions (Art. 5).
    - Dissolution de l'Assemblée (Art. 12), pouvoirs exceptionnels (Art. 16), référendum (Art. 11).
- **Un gouvernement responsable :**
    - Dirigé par le Premier ministre, peut être renversé par l'Assemblée (Art. 49.2).
- **Possibilité de cohabitation :**

- Si le Président n'a pas de majorité, il doit nommer un Premier ministre issu de la majorité parlementaire.

8. Quels sont les pouvoirs du Président de la République ?

Pouvoirs propres (sans contreseing) :

- Dissolution de l'Assemblée (Art. 12).
- Référendum (Art. 11).
- Pouvoirs exceptionnels (Art. 16).
- Nomination de 3 membres du Conseil constitutionnel (Art. 56).

Pouvoirs partagés (avec le gouvernement) :

- Nomination du gouvernement (Art. 8).
- Présidence du Conseil des ministres (Art. 9).
- Promulgation des lois (Art. 10).
- Droit de grâce (Art. 17).

En **cohabitation**, il se concentre sur la diplomatie et la défense.

9. Comment fonctionne la cohabitation ?

- **Quand ?** : Quand le Président appartient à un parti minoritaire à l'Assemblée.
- **Effet :**
  - Le Premier ministre dirige la politique intérieure.
  - Le Président conserve un rôle prépondérant en matière de diplomatie et de défense.

10. Quels sont les avantages et limites du régime semi-présidentiel ?

Avantages :

- Équilibre entre autorité et démocratie.
- Adaptabilité (Président fort ou Premier ministre prépondérant en cohabitation).
- Stabilité par rapport à la IVe République.

Limites :

- Risque d'**hyperprésidentialisme**.
- **Conflits en cohabitation**.
- **Confusion des responsabilités** (qui gouverne en cas de crise ?).

11. Qu'est-ce que le contrôle de constitutionnalité et pourquoi est-il essentiel ?

Le **contrôle de constitutionnalité** consiste à vérifier si une loi respecte la **Constitution**, norme suprême de l'État.

Objectifs :

- **Protéger l'État de droit** : empêcher l'adoption de lois arbitraires ou contraires aux principes constitutionnels.
- **Garantir les droits fondamentaux** : préserver les libertés publiques (liberté d'expression, égalité, droit au recours).
- **Assurer la hiérarchie des normes** : toute loi doit être conforme à la Constitution et au bloc de constitutionnalité.

Ce mécanisme constitue une **garantie démocratique** essentielle, car il empêche le législateur de violer les droits fondamentaux ou de dépasser ses pouvoirs.

12. Comment fonctionne le contrôle de constitutionnalité en France ?

Le contrôle est exercé par le **Conseil constitutionnel**, créé par la Constitution de 1958.
Deux types de contrôle :

- **Contrôle a priori (avant promulgation)** → *Article 61 de la Constitution* :
  - Saisine par le Président, le Premier ministre, les présidents des assemblées ou 60 députés/sénateurs.
  - Si la loi est jugée inconstitutionnelle, elle ne peut pas entrer en vigueur.

- **Contrôle a posteriori (après promulgation) → Question Prioritaire de Constitutionnalité (QPC, réforme 2008)** :
  - Tout citoyen peut contester une loi en vigueur devant un juge.
  - Si la QPC est sérieuse, elle est transmise au Conseil constitutionnel.
  - Si la loi est jugée contraire à la Constitution, elle est **abrogée**.
  -

Évolution 2025 :

- **Délais de traitement QPC raccourcis** (réforme 2024, mise en œuvre en 2025).
- **Meilleure articulation entre QPC et recours devant la Cour européenne des droits de l'homme**.

13. Quelle est l'influence du droit européen sur le contrôle de constitutionnalité en France ?

Le contrôle constitutionnel français doit tenir compte du **droit européen** :

Influence de l'Union européenne (CJUE) :

- **Primauté du droit européen** (arrêt Costa c/ ENEL, 1964).
- Possibilité pour un juge français de poser une **question préjudicielle** à la CJUE.
- Les lois françaises doivent respecter les **traités européens et directives**.

Influence de la Cour européenne des droits de l'homme (CEDH) :

- La CEDH veille au respect des droits fondamentaux (procès équitable, vie privée...).
- La France peut être condamnée si une loi viole la Convention européenne des droits de l'homme.

Conséquences :

- Le **Conseil constitutionnel intègre progressivement les normes européennes** dans ses décisions.
- La **QPC renforce la protection des droits fondamentaux**, en articulation avec la jurisprudence de la CEDH.

14. Qu'est-ce que le droit administratif et quelles sont ses principales sources ?

Le **droit administratif** régit :

- L'**organisation et le fonctionnement** des administrations.
- Les **relations entre l'administration et les citoyens**.

Sources principales :

- **Constitution et bloc de constitutionnalité** : principes fondamentaux (égalité, continuité du service public).
- **Lois et règlements** : textes votés par le Parlement ou pris par le gouvernement.
- **Jurisprudence administrative** : décisions du **Conseil d'État** et des juridictions administratives.
- **Droit international et européen** : conventions, directives, traités.
- **Principes généraux du droit (PGD)** : dégagés par le juge (ex. égalité devant le service public).

15. Quel est le rôle de la Constitution et du bloc de constitutionnalité dans le droit administratif ?

Le bloc de constitutionnalité encadre l'action administrative
Il comprend :

- La **Constitution de 1958** : organisation de l'État et répartition des compétences.
- La **DDHC (1789)** : libertés fondamentales (égalité, propriété, liberté d'expression).
- Le **Préambule de 1946** : droits sociaux (travail, santé, éducation).
- La **Charte de l'environnement (2004)** : obligations écologiques.

Conséquences :

- L'administration doit **respecter ces principes** (égalité, continuité du service public…).
- Le **Conseil constitutionnel peut annuler une loi contraire** à la Constitution.

- Le **juge administratif peut écarter un acte administratif illégal**.

Exemples :

- **Décision Conseil constitutionnel, 1971, Liberté d'association** : la DDHC a pleine valeur constitutionnelle.
- **Arrêt CE, 2008, Commune d'Annecy** : la Charte de l'environnement est opposable à l'administration.

16. Quelle est la place des lois et règlements dans le droit administratif ?

Les lois et règlements fixent le cadre d'action de l'administration.

Les lois :

- **Lois organiques** : organisation des pouvoirs publics (ex. loi sur le Conseil d'État).
- **Lois ordinaires** : règles générales (ex. Code de l'urbanisme).
- **Lois de finances** : budget de l'État.
- **Lois référendaires** : adoptées par référendum (ex. loi sur le quinquennat).
- **Ordonnances** : actes du gouvernement ayant valeur législative.

Les règlements :

- **Décrets** (Président ou Premier ministre).
- **Arrêtés** (ministres, préfets, maires).
- **Circulaires** : précisent l'application des lois.

17. Quel est le rôle de la jurisprudence administrative dans l'évolution du droit administratif ?

La **jurisprudence** est une source majeure du droit administratif.

Rôle du juge administratif :

- **Interpréter les lois** et règlements.
- **Créer des principes généraux du droit** (PGD).
- **Protéger les droits des citoyens** contre les abus administratifs.

Exemples célèbres :

- **Arrêt Blanco (1873)** : responsabilité spécifique de l'administration.
- **Arrêt Nicolo (1989)** : supériorité du droit international sur les lois françaises.
- **Arrêt Duvignères (2002)** : une circulaire impérative peut être annulée si illégale.

18. Quelle est l'influence du droit international et européen sur le droit administratif ?

Article 55 de la Constitution : les traités internationaux ont une valeur **supérieure aux lois**.

Exemples d'influence :

- **Arrêt Nicolo (1989)** : le Conseil d'État accepte d'écarter une loi contraire au droit international.
- **CJUE** : peut sanctionner la France si elle ne respecte pas les directives européennes.
- **CEDH** : peut condamner la France si une loi viole les droits fondamentaux (ex. condamnation sur la garde à vue sans avocat en 2010).

Impact concret :

- Le droit administratif doit **s'aligner sur les normes européennes**.
- Les citoyens peuvent invoquer le droit européen devant le juge administratif.

19. Qu'est-ce qu'un acte administratif unilatéral et quelles sont ses caractéristiques ?

Un **acte administratif unilatéral (AAU)** est une décision prise **par l'administration** qui **s'impose aux administrés** sans leur consentement.

Caractéristiques :

- **Émanation d'une autorité administrative** : État, collectivités territoriales, établissements publics, ministres, préfets, maires...
- **Effet obligatoire** : il crée des droits ou obligations sans accord préalable.
- **Présomption de légalité** : il s'applique tant qu'il n'est pas annulé par le juge.
- **Contrôlable par le juge administratif** : via un **recours pour excès de pouvoir (REP)**.

Exemples :

- Un **arrêté municipal** interdisant la circulation dans une rue.
- Une **décision de sanction** contre un fonctionnaire.

Distinction :

- **AAU** = décision imposée (ex. permis de construire).
- **Contrat administratif** = accord entre deux parties (ex. marché public).

20. Quels sont les différents types d'actes administratifs unilatéraux ?

Les AAU se classent selon leur portée et leur objet :

1. Actes réglementaires (portée générale et impersonnelle)

- **Décrets** : pris par le Président ou le Premier ministre (ex. Code de la route).
- **Arrêtés** : pris par les ministres, préfets, maires (ex. arrêté municipal interdisant les chiens dans un parc).
- **Circulaires impératives** : instructions aux services administratifs qui créent des obligations (ex. réforme du bac).

2. Actes individuels (concerne une ou plusieurs personnes identifiées)

- **Décisions administratives individuelles** : nomination, sanction, retrait de permis.
- **Mesures de police administrative** : interdiction d'une manifestation, expulsion d'un étranger.

3. Actes d'espèce

- Actes concrets mais non réglementaires (ex. **déclaration d'utilité publique** pour construire une autoroute).

21. Quelle est la hiérarchie des actes administratifs unilatéraux ?

Les AAU doivent respecter la **hiérarchie des normes**.

Ordre de primauté :

1. **Constitution et bloc de constitutionnalité** (Conseil constitutionnel).
2. **Traités internationaux et droit européen** (CJUE, CEDH).

3. **Lois et ordonnances** (Parlement et Gouvernement).
4. **Décrets** (Président et Premier ministre).
5. **Arrêtés** (ministres, préfets, maires).
6. **Circulaires et directives** (instructions internes).

Principe :

- Un **arrêté municipal** ne peut pas contredire un **décret national**.
- Une **circulaire** ne peut pas créer de nouvelles règles contraires à la loi.

22. Comment contester un acte administratif unilatéral ?

Un administré peut contester un AAU devant le **juge administratif**.

Étapes :

1. **Recours gracieux** → Demander à l'administration de retirer ou modifier l'acte.
2. **Recours hiérarchique** → Saisir l'autorité supérieure.
3. **Recours contentieux (REP)** → Saisir le tribunal administratif pour annuler l'acte.

Motifs d'annulation :

- **Incompétence** : l'auteur n'avait pas le pouvoir de prendre l'acte.
- **Vice de forme ou procédure** : absence de motivation, défaut de consultation.
- **Violation de la loi** : l'acte contredit une norme supérieure.
- **Détournement de pouvoir** : l'acte poursuit un but étranger à l'intérêt général.

Effet : si le juge annule l'acte, il est réputé **n'avoir jamais existé**.

23. Qu'est-ce qu'un contrat administratif et en quoi diffère-t-il d'un contrat de droit privé ?

Un **contrat administratif** est un accord conclu entre une **personne publique** (État, collectivité, établissement public) et un co-contractant (public ou privé) pour remplir une **mission d'intérêt général** ou relevant du **droit public**.

Différences avec le contrat privé :

- **Objet** : mission de service public.
- **Règles applicables** : droit public, non pas Code civil.
- **Pouvoirs particuliers** : l'administration peut modifier ou résilier unilatéralement le contrat (clauses exorbitantes).

Exemples :

- **Marchés publics** (construction d'une école).
- **Délégations de service public** (gestion d'un réseau de bus par une société privée).

24. Quels sont les critères qui permettent de qualifier un contrat administratif ?

Un contrat est administratif s'il remplit **au moins un des trois critères suivants** :

1. Critère organique → **Une personne publique** est partie au contrat.

2. Critère matériel → Le contrat concerne **un service public** (ex. CE, 1956, Époux Bertin).

3. Clauses exorbitantes du droit commun → Clauses accordant à l'administration des prérogatives exceptionnelles (ex. CE, 1912, Société des granits porphyroïdes des Vosges).

25. Quelles sont les principales catégories de contrats administratifs ?

1. Les marchés publics

- Fourniture de biens, services ou travaux.
- Régis par le **Code de la commande publique**.
- Principes : liberté d'accès, égalité de traitement, transparence.

2. Les délégations de service public (DSP)

- La collectivité confie la gestion d'un service public à un privé.
- L'entreprise se rémunère sur l'exploitation du service (ex. péages, cantines).

3. Les partenariats public-privé (PPP)

- Contrats de longue durée pour financer et gérer des équipements publics.

4. Les conventions d'occupation du domaine public

- Autorisent une personne privée à exploiter un bien public (ex. kiosques, parkings).

26. Quels sont les principes fondamentaux des marchés publics et DSP ?

Les **principes de la commande publique** :

- **Liberté d'accès** → Toute entreprise peut candidater.
- **Égalité de traitement** → Interdiction du favoritisme.
- **Transparence des procédures** → Justification des choix.

Nouveautés 2025 :

- **Procédures simplifiées** pour les marchés de moins de 100 000 € (décret 2024).

- **Renforcement des clauses environnementales** (loi Climat et Résilience, application élargie en 2025).

27. Comment contester un contrat administratif ?

Recours possibles :

- **Recours en référé précontractuel** → Avant la signature, pour suspendre l'attribution.
- **Recours en annulation** → Après signature, si le contrat est illégal.
- **Recours en responsabilité** → Obtenir réparation d'un préjudice causé par le contrat.

Motifs d'annulation :

- Vice de procédure (appel d'offres irrégulier).
- Illégalité du contrat (violation du Code de la commande publique).
- Détournement de pouvoir.

28. Qu'est-ce que la responsabilité administrative et pourquoi est-elle spécifique ?

La **responsabilité administrative** est l'obligation pour l'administration de **réparer les dommages** causés à des particuliers, entreprises ou autres administrations du fait de ses actes ou de ses agents.

Spécificités :

- Elle repose sur le **droit public**, distinct du Code civil.
- Elle est jugée par les juridictions administratives.
- Elle a été consacrée par l'arrêt **Blanco (Tribunal des conflits, 1873)**, qui établit que « la responsabilité de l'État ne peut être régie par les principes du Code civil ».

Objectifs :

- Protéger les administrés contre les abus ou négligences de l'administration.
- Garantir une **réparation équitable** tout en préservant la continuité du service public.

29. Quels sont les fondements et types de responsabilité administrative ?

Fondements juridiques :

- **Article 1240 du Code civil** (ex-1382) pour les fautes.
- **Jurisprudence** : Arrêts Blanco (1873), Tomaso Grecco (1905), etc.
- **Textes spécifiques** (ex. Code de la santé publique, Code de la commande publique).

Types de responsabilité :

1. **Responsabilité pour faute** → L'administration est responsable en cas de manquement (erreur, négligence).
2. **Responsabilité sans faute** → Même sans faute, l'administration indemnise si le dommage résulte d'un risque spécial (ex. dommages liés à des travaux publics).
3. **Responsabilité pour risque** → Lorsqu'un danger particulier est imposé à un individu (ex. vaccination obligatoire avec effets secondaires graves).

30. Quels sont les cas typiques de responsabilité de l'administration ?

Responsabilité pour faute :

- **Faute simple** : erreur dans la gestion d'un service public (ex. retard d'instruction d'un dossier).

- **Faute lourde** : négligence grave, notamment dans les services de police ou de justice (ex. CE, 2007, Delorme).
- **Faute personnelle** : quand un agent commet une faute détachable de ses fonctions (ex. abus de pouvoir).

Responsabilité sans faute :

- **Dommages causés par les travaux publics** : expropriations, nuisances de chantier.
- **Dommages dus à un risque exceptionnel** : vaccination obligatoire, accidents causés par des armes détenues par la police.
- **Responsabilité pour rupture d'égalité devant les charges publiques** : indemnisation si un acte administratif affecte injustement un citoyen (ex. décision CE, 2019, Société Paris Clichy).

31. Quelles sont les conditions pour engager la responsabilité administrative ?

Pour obtenir réparation, il faut réunir **3 conditions** :

1. **Un fait générateur** → Acte ou omission de l'administration (décision, négligence, action).
2. **Un préjudice** → Dommage réel, certain, direct et personnel (matériel, moral, corporel).
3. **Un lien de causalité** → Le préjudice doit être directement causé par l'administration.

Exemple : Une commune est responsable si un accident survient à cause d'un défaut d'entretien de la voirie municipale.

32. Quelle est la procédure pour engager la responsabilité de l'administration ?

1. Réclamation préalable :

- L'administré doit adresser une **demande d'indemnisation** à l'administration responsable (obligatoire avant de saisir le juge).

2. Recours contentieux :

- Si l'administration refuse ou ne répond pas sous 2 mois, l'administré saisit le **tribunal administratif**.

3. Recours possibles :

- **Recours en indemnisation** (réparation du dommage).
- **Référé provision** (urgence : obtenir une avance sur indemnisation).
- **Recours de pleine juridiction** (le juge peut réformer la décision et fixer une compensation).

33. Quels sont les principaux contentieux administratifs ?

On distingue **4 grands types de contentieux** :

1. **Contentieux de l'annulation (excès de pouvoir)**
   - Objectif : faire **annuler un acte administratif illégal**.
   - Exemple : recours contre un arrêté préfectoral illégal.
2. **Contentieux de pleine juridiction**
   - Objectif : obtenir une **indemnisation** ou **modifier la décision**.
   - Exemple : recours contre un licenciement illégal d'un fonctionnaire.
3. **Contentieux de l'interprétation et de l'appréciation de légalité**

- Objectif : demander au juge de **préciser l'interprétation d'un texte** ou de vérifier la légalité d'un acte.

4. **Contentieux répressif**
   - Objectif : **sanctionner** des infractions administratives (discipline, finances).
   - Exemple : révocation d'un agent public pour faute grave.

34. Quelles sont les voies de recours contre une décision administrative ?

Recours administratifs (avant le juge) :

- **Recours gracieux** → Demander à l'auteur de la décision de la modifier/retirer.
- **Recours hiérarchique** → Demander à l'autorité supérieure d'annuler la décision.

Recours contentieux (devant le juge) :

- **Recours pour excès de pouvoir (REP)** → Faire annuler un acte administratif illégal.
- **Recours de plein contentieux** → Modifier la décision et obtenir réparation.
- **Référé suspension** → Geler temporairement l'exécution d'un acte.
- **Référé liberté** → Protéger une liberté fondamentale en urgence.

35. Quelles sont les juridictions compétentes en matière de contentieux administratif ?

Le **litige avec l'administration** relève de la **juridiction administrative**.

Organisation :

- **Tribunaux administratifs (TA)** → 1er degré, jugent la majorité des litiges.
- **Cours administratives d'appel (CAA)** → 2e degré, examinent les appels des TA.
- **Conseil d'État (CE)** → Juge suprême, statue en cassation et parfois en premier ressort.
- **Tribunal des conflits** → Règle les conflits de compétence entre juge administratif et judiciaire.

Exemple :

- Contestation d'un permis de construire → **TA**.
- Appel de la décision → **CAA**.
- Pourvoi en cassation → **CE**.

Les ministères : missions, organisation et rôles

1. Ministère de la Justice (Chancellerie)

Missions :

- Garantir l'indépendance et le bon fonctionnement de la justice.
- Définir et mettre en œuvre la politique pénale.
- Organiser l'exécution des peines et la réinsertion des détenus.
- Protéger les mineurs et les personnes vulnérables.
- Améliorer l'accès au droit et à la justice pour tous.

Organisation :

- **Garde des Sceaux**, ministre de la Justice.
- **Direction des affaires civiles et du Sceau (DACS)** : état civil, droit de la famille, nationalité.
- **Direction des affaires criminelles et des grâces (DACG)** : politique pénale, suivi des grâces.
- **Direction de l'administration pénitentiaire (DAP)** : gestion des prisons et insertion.
- **Direction de la protection judiciaire de la jeunesse (DPJJ)** : prise en charge des mineurs délinquants.
- **Secrétariat général (SG)** : gestion administrative et financière du ministère.

Rôle :

Le ministère encadre les juridictions civiles, pénales et administratives, propose des réformes législatives et garantit l'application des lois.

2. Ministère de l'Intérieur et des Outre-mer

Missions :

- Maintenir la sécurité publique et prévenir la délinquance.
- Gérer les collectivités territoriales et accompagner la décentralisation.
- Organiser les élections et gérer les listes électorales.
- Accueillir les étrangers et instruire les demandes de nationalité.
- Assurer la gestion des crises (catastrophes naturelles, terrorisme, pandémies).

Organisation :

- **DGPN** : Direction générale de la police nationale.
- **DGGN** : Direction générale de la gendarmerie nationale.
- **DGSI** : Direction générale de la sécurité intérieure.
- **DLPAJ** : Direction des libertés publiques et des affaires juridiques.
- **Préfectures et sous-préfectures** : relais locaux de l'État.

Rôle :

Le ministère assure l'ordre public, la protection des citoyens et la coordination des forces de sécurité.

3. Ministère des Armées

Missions :

- Assurer la défense nationale et protéger le territoire.
- Gérer les forces armées (Terre, Mer, Air & Espace).
- Maintenir la coopération militaire avec les alliés (OTAN, UE).
- Assurer la dissuasion nucléaire et la protection des intérêts stratégiques.

Organisation :

- **État-major des armées** : stratégie et planification.
- **DGA** : Direction générale de l'armement (achats et innovations).
- **SGA** : Secrétariat général pour l'administration (RH, finances).

Rôle

Garantir la souveraineté nationale et la sécurité internationale de la France.

4. Ministère de l'Économie, des Finances et de la Souveraineté industrielle et numérique

Missions :

- Élaborer et exécuter le budget de l'État.
- Contrôler la fiscalité et les recettes publiques.
- Réguler l'économie et soutenir les entreprises.
- Assurer la souveraineté économique et numérique.

Organisation :

- **Direction générale du Trésor** : politique économique et financière.
- **DGFIP** : gestion des impôts et du budget.

- **DGCCRF** : protection des consommateurs et régulation de la concurrence.
- **INSEE** et **Banque de France** : statistiques et régulation monétaire.

Rôle

Stabiliser l'économie, soutenir la croissance et garantir la protection des consommateurs.

5. Ministère du Travail, de la Santé et des Solidarités

Missions :

- Réguler le marché du travail et protéger les salariés.
- Gérer la Sécurité sociale et les politiques de solidarité.
- Promouvoir la santé publique et coordonner les hôpitaux.
- Réduire les inégalités sociales.

Organisation :

- **DGT** : Direction générale du travail.
- **DSS** : Direction de la sécurité sociale.
- **ARS** : Agences régionales de santé.
- **HAS** : Haute Autorité de Santé.

Rôle :

Garantir la qualité des conditions de travail, l'accès aux soins et la solidarité nationale.

6. Ministère de l'Éducation nationale et de la Jeunesse

Missions :

- Organiser le système éducatif national.
- Recruter et former les enseignants.
- Élaborer les programmes scolaires.
- Assurer l'égalité d'accès à l'éducation.

Organisation :

- **Rectorats et académies** : gestion locale.
- **Inspections générales** : contrôle et évaluation.
- **CNED** : enseignement à distance.

Rôle

Former les jeunes et favoriser leur insertion sociale et professionnelle.

7. Ministère de la Culture

Missions :

- Protéger le patrimoine et soutenir la création artistique.
- Développer l'accès à la culture et aux pratiques artistiques.
- Réguler les médias et l'audiovisuel.

Organisation :

- **CNC** : Centre national du cinéma.
- **BNF** : Bibliothèque nationale de France.
- **Institutions muséales** : gestion du patrimoine national.

Rôle

Préserver et valoriser le patrimoine culturel français.

8. Ministère de la Transition écologique et de la Cohésion des territoires

Missions :

- Lutter contre le changement climatique.
- Protéger la biodiversité et les ressources naturelles.
- Gérer l'urbanisme, les transports et la cohésion territoriale.

Organisation :

- **ADEME** : Agence de la transition écologique.
- **Météo-France** : prévisions et alertes climatiques.

Rôle

Promouvoir un développement durable et inclusif.

9. Ministère de l'Enseignement supérieur et de la Recherche

Missions :

- Gérer les universités et les grandes écoles.
- Développer la recherche et l'innovation.
- Assurer la compétitivité scientifique de la France.

Organisation :

- **CNRS**, **INSERM**, **CEA** : recherche fondamentale et appliquée.
- **Universités et grandes écoles** : formation et recherche.

Rôle

Soutenir l'excellence académique et scientifique.

10. Ministère des Outre-mer

Missions :

- Développer économiquement les territoires ultramarins.
- Maintenir la continuité territoriale avec la métropole.
- Gérer les spécificités culturelles et administratives des DOM-TOM.

Rôle

Renforcer l'égalité entre les territoires et assurer la présence française dans le monde.

11. Ministère de l'Agriculture et de la Souveraineté alimentaire

Missions :

- Assurer la politique agricole et alimentaire de la France.
- Garantir la sécurité sanitaire des aliments et la qualité de la production.
- Soutenir les exploitants agricoles et la compétitivité du secteur.
- Mettre en œuvre la Politique Agricole Commune (PAC) au niveau national.
- Développer des pratiques agricoles durables et respectueuses de l'environnement.

Organisation :

- **DGAL** : Direction générale de l'alimentation (sécurité sanitaire).
- **DGPAAT** : Direction générale de la performance économique et environnementale des entreprises.
- **Agences nationales** : FranceAgriMer, INRAE (recherche agronomique).

Rôle

Assurer la sécurité alimentaire, soutenir la filière agricole et préserver les ressources naturelles.

12. Ministère du Logement et de l'Habitât durable

(Rattaché au ministère de la Transition écologique mais avec un portefeuille dédié)

Missions :

- Mettre en œuvre la politique nationale du logement.

- Développer l'offre de logements sociaux et lutter contre la précarité.
- Réguler l'urbanisme et favoriser la mixité sociale.
- Lutter contre la précarité énergétique et améliorer l'efficacité énergétique des bâtiments.

Organisation :

- **DGALN** : Direction générale de l'aménagement, du logement et de la nature.
- **ANAH** : Agence nationale de l'habitat.
- **ANRU** : Agence nationale pour la rénovation urbaine.

Rôle

Garantir le droit au logement, améliorer les conditions d'habitat et accompagner la transition écologique dans le bâtiment.

13. Ministère des Sports et des Jeux Olympiques et Paralympiques

Missions :

- Promouvoir le sport de haut niveau et le sport pour tous.
- Organiser les grandes compétitions sportives, notamment les JO Paris 2024 (et leur héritage).
- Développer les infrastructures sportives.
- Lutter contre le dopage et les discriminations dans le sport.

Organisation :

- **ANS** : Agence nationale du sport.
- **INSEP** : Institut national du sport, de l'expertise et de la performance.

Rôle
Faire du sport un levier de cohésion sociale, de santé publique et de rayonnement international.

14. Ministère de la Fonction publique et de la Transformation de l'État

Missions :

- Gérer le statut et les carrières des fonctionnaires (État, territoriaux, hospitaliers).
- Piloter la modernisation de l'action publique (simplification administrative, numérique).
- Améliorer les conditions de travail et la qualité du service public.

Organisation :

- **DGAFP** : Direction générale de l'administration et de la fonction publique.
- **DITP** : Direction interministérielle de la transformation publique.

Rôle
Accompagner les agents publics, renforcer l'efficacité de l'administration et rapprocher les services publics des usagers.

15. Ministère du Commerce extérieur, de l'Attractivité et du Tourisme

Missions :

- Promouvoir les exportations françaises.
- Attirer les investissements étrangers.
- Développer l'attractivité touristique de la France.

- Représenter la France dans les négociations commerciales internationales (UE, OMC).

Organisation :

- **Business France** : soutien aux entreprises exportatrices.
- **Comité interministériel du tourisme**.

Rôle

Assurer le rayonnement économique et touristique de la France à l'international.

16. Ministère de la Mer *(rattaché à la Transition écologique mais avec des compétences propres)*

Missions :

- Gérer les ressources maritimes et la pêche.
- Protéger l'environnement marin et développer l'économie bleue.
- Assurer la sécurité maritime et la surveillance des côtes.

Organisation :

- **DGAMPA** : Direction générale des affaires maritimes, de la pêche et de l'aquaculture.
- **Marine nationale** (compétences partagées avec le ministère des Armées).

Rôle

Développer une politique maritime durable, garantir la sécurité des espaces maritimes français.

17. Ministère de l'Égalité entre les femmes et les hommes et de la Lutte contre les discriminations

Missions :

- Promouvoir l'égalité femmes-hommes dans la vie professionnelle, sociale et politique.
- Lutter contre les discriminations et violences sexistes.
- Assurer l'inclusion des minorités et la cohésion sociale.

Organisation :

- **DILCRAH** : Délégation interministérielle à la lutte contre le racisme, l'antisémitisme et la haine anti-LGBT+.
- **Observatoire de l'égalité entre les femmes et les hommes**.

Rôle

Garantir l'égalité réelle et prévenir les discriminations.

18. Ministère de l'Immigration et de l'Intégration

Missions :

- Organiser l'accueil des migrants et des demandeurs d'asile.
- Gérer les titres de séjour et les naturalisations.
- Favoriser l'intégration des étrangers en situation régulière.
- Lutter contre l'immigration irrégulière.

Organisation :

- **OFII** : Office français de l'immigration et de l'intégration.
- **DG des étrangers en France**.

Rôle

Réguler les flux migratoires tout en favorisant l'intégration des populations immigrées.

19. Ministère des PME, de l'Artisanat et du Commerce

Missions :

- Soutenir les petites et moyennes entreprises et les artisans.
- Encourager l'entrepreneuriat et l'innovation.
- Accompagner la transition numérique des entreprises.

Organisation :

- **Bpifrance** : soutien au financement des entreprises.
- **Directions régionales de l'économie, de l'emploi, du travail et des solidarités (DREETS)**.

Rôle

Renforcer le tissu économique local et favoriser la compétitivité des PME.

La gestion financière et la comptabilité publique

1. Qu'est-ce qu'un budget public et quel est son rôle ?

Le budget public est **un acte politique et juridique** par lequel une collectivité publique (État, collectivité territoriale, établissement public) prévoit et autorise ses **dépenses** et **recettes** pour une année donnée (exercice budgétaire).
C'est à la fois :

- un **document prévisionnel** : il anticipe les recettes et dépenses ;
- un **acte d'autorisation** : seules les dépenses inscrites et votées peuvent être engagées ;
- un **outil de pilotage** : il reflète les priorités politiques de la collectivité et conditionne l'action publique.

2. Quelles sont les caractéristiques essentielles des documents budgétaires ?

Les documents budgétaires sont :

- **Obligatoires** : ils doivent être établis par toute collectivité ;
- **Prévisionnels** : ils fixent les prévisions de recettes et de dépenses ;
- **Limitatifs** : aucune dépense ne peut être réalisée au-delà des crédits votés ;
- **Contrôlés** : par les juridictions financières et les assemblées délibérantes ;
- **Normalisés** : la présentation suit des formats définis par les textes (M14, M57…).

3. Quels sont les grands principes budgétaires des finances publiques ?

Ils assurent **transparence et sincérité** de la gestion publique.

- **Annualité** : le budget s'applique sur un exercice (1er janvier – 31 décembre).
- **Unité** : toutes les recettes et dépenses sont regroupées dans un seul document.
- **Universalité** : interdiction de compenser recettes et dépenses (principe du produit brut) et de les affecter spécifiquement (non-affectation).
- **Antériorité** : le budget doit être voté avant le début de l'exercice.
- **Équilibre** : les recettes doivent couvrir les dépenses.
- **Sincérité** : le budget doit refléter fidèlement la réalité financière (prévisions prudentes).
- **Spécialité** : les crédits doivent être utilisés uniquement pour l'objet voté.

4. Quelles sont les phases d'exécution des recettes et dépenses publiques ?

Pour les dépenses :

1. **Engagement** : création d'une obligation de payer (contrat, décision).
2. **Liquidation** : calcul exact du montant à verser.
3. **Ordonnancement** : émission du mandat par l'ordonnateur.
4. **Paiement** : règlement par le comptable public.

Pour les recettes :

1. **Constatation** : établissement de la créance.
2. **Liquidation** : calcul du montant dû.

3. **Ordonnancement** : émission du titre de recettes.
4. **Recouvrement** : encaissement par le comptable public.

5. Quelles sont les étapes du cycle budgétaire d'une collectivité publique ?

- **Débat d'orientation budgétaire (DOB)** : dans les 2 mois précédant le vote du budget.
- **Vote du budget primitif (BP)** : au plus tard le 15 avril (ou 31 mars pour les communes de plus de 3 500 habitants).
- **Exécution du budget** : engagement et paiement des dépenses / encaissement des recettes.
- **Budget supplémentaire (BS)** : reprend les résultats de l'exercice précédent et ajuste les crédits.
- **Décisions modificatives (DM)** : ajustements en cours d'année.
- **Compte administratif (CA)** : bilan de l'exécution budgétaire voté par l'assemblée.

6. Quelle est la différence entre l'ordonnateur et le comptable public ?

- **L'ordonnateur** : décide et engage les dépenses, constate les recettes. Il n'a pas accès aux fonds publics. Ex. : maire, président de département.
- **Le comptable public** : seul habilité à manipuler les fonds publics. Il contrôle la régularité des opérations et assume une **responsabilité personnelle et pécuniaire**.

7. Qu'est-ce qu'un budget supplémentaire et une décision modificative ?

- **Budget supplémentaire (BS)** : adopté après le vote du compte administratif, il reprend les résultats de l'année précédente et ajuste le budget.
- **Décision modificative (DM)** : rectification ponctuelle du budget primitif en cours d'exercice (ex. pour intégrer une subvention non prévue).

8. Quelles sont les juridictions chargées du contrôle des finances publiques ?

- **Cour des comptes** : contrôle l'exécution du budget de l'État et des collectivités.
- **Chambres régionales des comptes** : contrôlent les collectivités territoriales.
- **Cour de discipline budgétaire et financière** : sanctionne les fautes graves de gestion.

9. Qu'est-ce que la distinction AP-CP ?

- **Autorisations de programme (AP)** : crédits prévisionnels autorisant des engagements de dépenses pluriannuels (ex. construction d'un lycée).
- **Crédits de paiement (CP)** : crédits annuels permettant de payer les dépenses correspondant aux AP.

10. Quelles sont les recettes et dépenses d'une collectivité publique ?

Recettes de fonctionnement : impôts, dotations de l'État, produits des services publics, subventions.

Dépenses de fonctionnement : salaires, entretien, charges courantes.
Recettes d'investissement : emprunts, subventions d'équipement, dotations (ex. FCTVA).
Dépenses d'investissement : construction d'infrastructures, acquisition de matériel.

11. Quelle est la différence entre le compte administratif et le compte de gestion ?

- **Compte administratif (CA)** : retrace l'exécution du budget par l'ordonnateur (vision politique).
- **Compte de gestion** : établi par le comptable, il reprend les opérations comptables et sert de contrôle croisé du CA.

12. Qu'est-ce que la LOLF et en quoi a-t-elle transformé la gestion publique ?

La **Loi organique relative aux lois de finances (LOLF)**, entrée en vigueur en 2006, modernise la gestion publique.

- **Nouvelle structure budgétaire** : missions → programmes → actions.
- **Approche par résultats** : objectifs mesurables et indicateurs de performance.
- **Renforcement du rôle du Parlement** : contrôle accru sur l'efficacité des dépenses.

13. Quelles sont les limites de la LOLF ?

- Complexité accrue pour les gestionnaires.
- Qualité parfois insuffisante des indicateurs de performance.

- Difficulté à concilier performance et décisions politiques.

14. Question ajoutée – Qu'est-ce que la responsabilité personnelle et pécuniaire du comptable ?

Le comptable public répond sur ses biens propres des irrégularités ou déficits constatés dans la gestion des fonds. Il peut être déchargé s'il prouve qu'il n'est pas responsable (force majeure, faute de l'ordonnateur).

15. Question ajoutée – Qu'est-ce que la M57 et pourquoi est-elle importante ?

La **M57** est le **cadre budgétaire et comptable unique** des collectivités territoriales, généralisé depuis 2024. Elle offre plus de souplesse (gestion pluriannuelle, meilleure traçabilité) et rapproche la comptabilité locale de celle de l'État.

16. Question ajoutée – Quels sont les contrôles exercés avant, pendant et après l'exécution du budget ?

- **Contrôle a priori** : préfet (contrôle de légalité), vote des assemblées.
- **Contrôle concomitant** : comptable public (contrôle des pièces).
- **Contrôle a posteriori** : Cour des comptes et chambres régionales des comptes.

17. Qu'est-ce qu'un marché public alloti ?

Un **marché alloti** est un marché divisé en plusieurs **lots**, chacun correspondant à une partie distincte des prestations à réaliser.

- **Objectif** : favoriser l'accès des **PME et TPE** à la commande publique en leur permettant de candidater sur un ou plusieurs lots, sans devoir couvrir la totalité du marché.
- **Fondement juridique** : Code de la commande publique (art. L2113-10).
- **Exemple** : un marché de rénovation d'un lycée peut être alloti en travaux de maçonnerie, électricité, peinture, etc.

18. Quelles sont les formes d'allotissement ?

Il existe deux grands types d'allotissement :

- **Allotissement technique** : division par nature des prestations (ex. gros œuvre, plomberie).
- **Allotissement géographique** : division selon le territoire (ex. services répartis par région).

Le pouvoir adjudicateur peut justifier l'absence d'allotissement si le marché ne s'y prête pas (ex. besoin d'une coordination globale).

19. Quels sont les contrôles exercés sur les marchés publics

Les marchés publics font l'objet de plusieurs niveaux de contrôle :

- **Contrôle juridictionnel** : par le **juge administratif** (contentieux des marchés).

- **Contrôle financier** : par la **Direction Générale des Finances Publiques (DGFiP)**, qui vérifie la régularité des paiements.
- **Contrôle externe** : par la **Cour des comptes** et les **Chambres régionales des comptes**, qui analysent la légalité et la bonne utilisation des fonds publics.
- **Contrôle interne** : par les services acheteurs eux-mêmes (contrôle hiérarchique).

20. Quelles sont les règles d'exécution financière d'un marché public ?

- **Principe du service fait** : le paiement n'intervient qu'après réalisation totale ou partielle de la prestation.
- **Crédits préalablement ouverts** : les engagements financiers doivent être couverts par des crédits votés dans le budget.
- **Délais de paiement** : en principe **30 jours maximum** (50 jours pour les établissements de santé). En cas de retard, des intérêts moratoires s'appliquent automatiquement.
- **Règle de la facturation électronique** : depuis 2020, toute facture doit être transmise via le portail **Chorus Pro**.

21. Qu'est-ce qu'un accord-cadre ?

Un **accord-cadre** est un contrat conclu entre un pouvoir adjudicateur (collectivité, établissement public, État) et un ou plusieurs opérateurs économiques.

- **Objet** : fixer à l'avance les termes (prix, modalités, quantités) des futurs marchés à conclure pendant une période donnée.
- **Durée maximale** : 4 ans (sauf exceptions).
- **Types** :
    - **Accord-cadre à bons de commande** : prestations commandées au fur et à mesure selon les besoins.
    - **Accord-cadre avec marchés subséquents** : relance d'une mise en concurrence entre les titulaires pour chaque besoin.

Exemple : un accord-cadre pour la fourniture de fournitures de bureau pendant 4 ans, avec commandes régulières.

22. Pourquoi la publicité est-elle obligatoire dans les marchés publics ?

La **publicité** est un **principe fondamental de la commande publique** visant à :

- **Assurer le libre accès** à la commande publique pour tous les opérateurs économiques.
- **Garantir une concurrence réelle et loyale** entre les candidats.
- **Assurer la transparence** des procédures d'achat public.

23. Quels sont les seuils de publicité pour les marchés de fournitures et services en 2025 ?

Seuils définis par le **Code de la commande publique** (applicables au 1er janvier 2025) :

- **< 4 000 € HT** : aucune publicité obligatoire (achat direct possible).
- **De 4 000 € à 100 000 € HT** : publicité dite **"adaptée"** (choisie par le pouvoir adjudicateur, ex. affichage en mairie ou site internet).
- **De 100 000 € à 215 000 € HT** : publication obligatoire au **BOAMP** (Bulletin officiel des annonces des marchés publics) et/ou **JAL** (Journal d'annonces légales).
- **> 215 000 € HT** : publication obligatoire au **BOAMP** + **JOUE** (Journal officiel de l'Union européenne).

Conséquences :

- Plus le seuil est élevé, plus les formalités et délais de publicité sont contraignants.
- La mise en concurrence devient obligatoire au-delà de 40 000 € (seuil fixé par décret).

24. Quelles sont les sanctions en cas de non-respect des règles de publicité ?

- **Annulation du marché** par le juge administratif.
- **Condamnation de la collectivité** pour violation des principes de transparence et d'égalité d'accès.
- **Sanctions pénales** possibles en cas de favoritisme (art. 432-14 du Code pénal).

25. Question ajoutée – Qu'est-ce que le "MAPA" (Marché à procédure adaptée) ?

Le **MAPA** est une procédure d'achat simplifiée applicable aux marchés inférieurs aux seuils européens (100 000 € pour fournitures et services en 2025).

- **Souplesse** : l'acheteur choisit librement les modalités de publicité et de mise en concurrence, en respectant les principes fondamentaux (égalité, transparence).
- **Exemple** : marché de 50 000 € pour l'achat de mobilier de bureau, avec simple consultation de plusieurs prestataires.

26. Question ajoutée – Qu'est-ce qu'une délégation de service public (DSP) et en quoi diffère-t-elle d'un marché public ?

- **Marché public** : l'acheteur paie directement le prestataire.
- **DSP** : le délégataire (ex. entreprise privée) gère un service public et se rémunère principalement grâce aux **recettes des usagers** (ex. transport urbain, restauration scolaire).

27. Question ajoutée – Quels sont les délais de paiement dans les marchés publics ?

- **Délai standard** : 30 jours (État et collectivités).
- **Établissements de santé** : 50 jours.
- **Entreprises publiques** : 60 jours.
  En cas de dépassement, des **intérêts moratoires** sont dus automatiquement.
-

28. Qu'est-ce qu'un contrôle de légalité budgétaire ?

Le **contrôle de légalité** exercé par le préfet consiste à vérifier que les actes budgétaires d'une collectivité respectent la loi.

- Si une irrégularité est constatée, le préfet peut **déférer l'acte au tribunal administratif**.
- La **Chambre régionale des comptes** peut aussi intervenir en cas de déficit ou d'absence de vote du budget.

29. Qu'est-ce qu'un mandatement d'une dépense ?

Le **mandatement** est l'étape où l'ordonnateur **donne l'ordre au comptable de payer** une dépense.

- Il intervient après l'engagement et la liquidation.
- Le comptable ne peut payer que les mandats **réguliers** (contrôle des pièces justificatives).

30. Qu'est-ce qu'un référé précontractuel dans le cadre des marchés publics ?

Le **référé précontractuel** est une procédure d'urgence devant le juge administratif, utilisée par un candidat évincé avant la signature d'un marché.

- Il vise à **suspendre la procédure** en cas de manquement aux règles de publicité ou de mise en concurrence.
- Il doit être exercé **avant la signature du contrat**.

Économie et politiques publiques

1. Quels sont les principaux courants économiques et leurs différences fondamentales ?

Les grands courants économiques se distinguent par leur conception du rôle de l'État dans l'économie.

Libéralisme :

- Le marché s'autorégule grâce à la loi de l'offre et de la demande (Adam Smith).
- L'État n'intervient que pour garantir la concurrence et la sécurité juridique.

Keynésianisme :

- Le marché peut dysfonctionner → l'État doit soutenir la demande (dépenses publiques, investissements).
- Objectif : stabiliser l'économie et réduire le chômage (Keynes).

Interventionnisme :

- L'État planifie ou contrôle certains secteurs stratégiques (énergie, transport, industrie).
- Utilisation de politiques budgétaires, de normes et de nationalisations.

Depuis 2008 et 2020 : retour d'un **État stratège** avec relances massives, régulation du numérique et plans de transition écologique.

2. Quelles sont les caractéristiques du libéralisme économique et qui sont ses principaux théoriciens ?
Principes clés :

- *Main invisible* (Adam Smith) → intérêts individuels = prospérité collective.

- Libre-échange, concurrence accrue.
- État minimal → régulateur, pas gestionnaire.

Théoriciens majeurs :

- **Adam Smith** (*La richesse des nations*, 1776).
- **David Ricardo** → avantages comparatifs.
- **Milton Friedman** → monétarisme, critique des interventions étatiques.

Critiques : inégalités sociales, crises (1929, 2008), besoin d'un cadre pour éviter les abus (monopoles).

3. En quoi consiste le keynésianisme et quelles politiques en découlent ?

Principes :

- La **demande** est le moteur de la croissance.
- Déficits budgétaires acceptables pour relancer l'économie.
- Politiques actives pour l'emploi (formation, grands travaux).

Exemples :

- **New Deal** (1933, Roosevelt).
- **Trente Glorieuses** : forte dépense publique en France.
- **Plans de relance post-Covid** (2020-2022) : aides massives aux entreprises/ménages.

Critiques : dette publique élevée, inflation, efficacité réduite lors de crises d'offre (ex. choc énergétique).

4. Qu'est-ce que l'interventionnisme économique et sous quelles formes se manifeste-t-il ?

Formes :

- **Politique budgétaire** : soutien ciblé à des secteurs.

- **Nationalisations** : EDF, SNCF après 1945.
- **Protectionnisme** : droits de douane, quotas.
- **Régulations** : normes sur les prix, salaires, environnement.

Exemple actuel (2025) :

- **France 2030** → 30 Mds€ pour l'industrie verte (hydrogène, semi-conducteurs).
- **Boucliers tarifaires énergie** pour protéger les ménages.

5. Quels sont les débats actuels sur le rôle de l'État dans l'économie ?

- **Transition écologique** : besoin d'un État stratège pour atteindre la neutralité carbone 2050.
- **Régulation numérique** : encadrement des géants du numérique (GAFAM, IA).
- **Soutien économique** : relances vs. soutenabilité de la dette (dette > 110 % PIB).
- **Débat central** : jusqu'où intervenir sans freiner l'innovation et l'investissement privé ?

6. Pourquoi l'État intervient-il dans l'économie ?

Objectifs principaux :

- **Stabiliser** l'économie (éviter crises, réguler l'inflation).
- **Corriger** les inégalités sociales (redistribution via impôts et aides).
- **Assurer** les services essentiels (santé, éducation, sécurité).
- **Soutenir** l'innovation (R&D, transition numérique/écologique).

3 leviers : régulation, taxation, redistribution.

7. Comment l'État régule-t-il l'économie ?

Outils :

- Surveillance des marchés financiers (AMF, BCE).
- Contrôle des monopoles (Autorité de la concurrence).
- Réglementations environnementales (plafond CO_2).
- Normes sanitaires, contrôle des prix (médicaments).

8. Quel est le rôle de la taxation ?

Objectifs :

- Financer les services publics.
- Réduire les inégalités (impôt progressif).
- Orienter les comportements (taxes écologiques).

Exemple 2025 :

- **Baisse de l'IS** (25 %) pour stimuler l'investissement.
- **Taxe carbone** ajustée aux frontières de l'UE (2026).

9. Comment l'État redistribue-t-il les richesses ?

Deux formes :

- **Verticale** : des plus riches vers les plus modestes (impôts, RSA).
- **Horizontale** : aides aux familles, chômeurs, retraités.

Instruments :

- RSA, prime d'activité, APL.
- Système de retraite par répartition.
- Éducation et santé gratuites ou subventionnées.

10. Quelles sont les grandes évolutions récentes du rôle de l'État ?

- **Crises** : 2008 (sauvetage banques), 2020 (*quoi qu'il en coûte*), 2022 (boucliers énergie).
- **Transition verte** : Loi Climat et Résilience, objectifs −55 % CO_2 d'ici 2030.
- **Souveraineté** : relocalisation de filières (médicaments, énergie).

11. Qu'est-ce que la dette publique ?

Définition : ensemble des emprunts de l'État, des collectivités et de la Sécurité sociale.
Indicateur clé : dette/PIB (France 2025 : ~110 %).

12. Quelle différence entre dette et déficit ?

- **Déficit** : différence annuelle recettes/dépenses.
- **Dette** : cumul des déficits passés.

13. Pourquoi l'État s'endette-t-il et quels sont les risques ?

Pourquoi : investir, soutenir l'économie, compenser les déficits.
Risques : charge d'intérêts, dépendance aux marchés, perte de souveraineté.

14. Quels sont les critères européens de Maastricht ?
- Déficit ≤ 3 % du PIB.
- Dette ≤ 60 % du PIB.

(Ces règles sont en révision depuis 2024 pour intégrer la transition écologique.)

15. Comment réduire le déficit ?

- Hausse des recettes (impôts, lutte contre fraude).
- Baisse des dépenses (réformes retraites, effectifs publics).
- Relance de la croissance (plus d'activité → plus de recettes).

16. Quelles sont les grandes catégories de politiques économiques ?

- **Politique conjoncturelle** : actions **à court terme** pour stabiliser l'économie (emploi, inflation, croissance).
- **Politique structurelle** : réformes **de long terme** pour renforcer la compétitivité (éducation, innovation, fiscalité, marché du travail).

Exemple (2025) : Réforme du marché de l'électricité (structurelle) et bouclier tarifaire énergie (conjoncturelle).

17. Qu'est-ce que la politique budgétaire et comment fonctionne-t-elle ?

- **Expansive** : hausse des dépenses publiques ou baisse d'impôts → stimuler la croissance.
- **Restrictive** : baisse des dépenses ou hausse d'impôts → réduire déficit et inflation.

Exemple : Plan de relance France 2030 (30 Mds€) → politique expansive pour la réindustrialisation.

18. Qu'est-ce que la politique monétaire et quel est son impact ?

- **Gérée par la BCE** pour la zone euro.
- Objectif : **stabilité des prix** (inflation proche de 2 %) et stabilité financière.

Deux formes :

- **Expansionniste** : baisse des taux pour stimuler investissement/consommation.
- **Restrictive** : hausse des taux pour freiner l'inflation.

Exemple : Hausse des taux BCE en 2022-2024 pour ralentir l'inflation liée à l'énergie.

19. Qu'est-ce que la politique industrielle et comment l'État la met-il en œuvre ?

- **Soutien aux secteurs stratégiques** : automobile, aéronautique, énergie, numérique.
- **Investissements massifs** : subventions, prêts, partenariats public-privé.
- **Relocalisations** : production de médicaments et de semi-conducteurs en France.

Exemple : **Plan France 2030** → 30 Mds€ pour l'industrie verte, hydrogène et numérique souverain.

20. Quels sont les objectifs de la politique de l'emploi ?

- **Réduire le chômage** (objectif 5 % en 2027).
- **Faciliter l'embauche** via aides et allègements de charges.
- **Adapter les compétences** aux nouveaux métiers (numérique, transition écologique).

Exemple : Programme "1 jeune, 1 solution" et réforme France Travail (2024).

21. Quelles sont les fonctions de la politique fiscale ?

- **Financer les services publics** (écoles, hôpitaux, sécurité).
- **Corriger les inégalités** : impôt progressif, prestations sociales.
- **Inciter aux bons comportements** : taxes vertes, bonus écologiques.

Exemple : Taxe carbone aux frontières UE (mise en œuvre progressive 2026).

22. Quelles sont les différences entre impôt direct et impôt indirect ?

- **Direct** : payé directement (impôt sur le revenu, taxe foncière).
- **Indirect** : inclus dans les prix (TVA, accises carburant).

TVA en France : taux normal 20 %, réduit 5,5 % (alimentation, énergie).

23. Quels sont les impacts économiques d'une augmentation des impôts ?

- **Effet négatif** : baisse consommation/investissement.
- **Effet positif** : si ciblée sur hauts revenus ou pollueurs → réduit inégalités ou encourage comportements durables.

Exemple : baisse de l'IS (33 % → 25 %) pour stimuler l'investissement des entreprises.

24. Qu'est-ce que la fiscalité écologique ?

- **Taxes incitatives** : taxe carbone, malus auto, taxe déchets.
- **Aides** : primes pour véhicules électriques, rénovation thermique.

Exemple : MaPrimeRénov' et bonus écologique pour voitures électriques (2025).

25. Quels sont les enjeux de la fraude et de l'optimisation fiscale ?

- **Fraude** : prive l'État de plusieurs dizaines de milliards d'euros/an.
- **Optimisation** : pratique légale mais contestée (délocalisation bénéfices).
- **Réponses UE** : harmonisation fiscale, lutte contre les paradis fiscaux.

Exemple : Amendes record infligées à Apple/Google pour montage fiscal abusif.

26. Pourquoi l'État joue-t-il un rôle central dans la transition écologique ?

- Fixe **les objectifs climatiques** (−55 % émissions d'ici 2030, neutralité carbone 2050).
- Met en place **lois, normes et incitations**.
- **Finance** la transition (subventions, investissements).
- **Sensibilise** les citoyens (campagnes et accompagnement).

Exemple : loi Climat et Résilience (ZFE, interdiction vols courts, rénovation obligatoire).

27. Quelles sont les principales lois françaises pour la transition écologique ?

- **Loi Climat et Résilience (2021)** : ZFE, interdiction vols courts, rénovation obligatoire logements.
- **Loi Énergie-Climat (2019)** : neutralité carbone 2050, fermeture centrales charbon.
- **Loi Transition énergétique (2015)** : objectifs d'énergies renouvelables.

Exemple : Fin des voitures thermiques neuves en 2035.

28. Quels sont les leviers d'action de l'État pour la transition énergétique ?

- **Subventions** : MaPrimeRénov', bonus véhicules propres.
- **Encadrement** : normes énergétiques bâtiments.
- **Transports propres** : trains, bornes recharge électriques.
- **Tarification** : hausse progressive des tarifs énergie pour encourager sobriété.

29. Comment l'État encadre-t-il la sortie des énergies fossiles ?

- **Fin subventions** énergies fossiles d'ici 2025.
- **0 charbon** dans l'électricité en 2027.
- **Développement hydrogène vert** et biocarburants.

Exemple : fermeture de la centrale de Cordemais (Loire-Atlantique) prévue 2027.

30. Quels sont les défis de la transition écologique pour l'État ?

- **Coût** : investissement public/privé massif.
- **Acceptabilité sociale** : risque de contestations (ex. taxe carbone).
- **Résistance** : certains secteurs (agriculture, aérien).
- **Dépendance énergétique** : importations de gaz/pétrole.

Exemple : crise énergétique 2022-2023 → nécessité de sécuriser l'approvisionnement.

31. Qu'est-ce que l'Accord de Paris (COP21) ?

- Adopté en 2015 par 195 pays.
- Limiter le réchauffement à +1,5 °C.
- Réduire de 50 % les émissions mondiales d'ici 2030.
- Neutralité carbone en 2050.

32. Qu'est-ce que le Pacte vert européen et ses impacts sur la France ?

- **Stratégie UE** (2019) : 1er continent neutre en carbone en 2050.
- **Objectifs** : −55 % émissions 2030, fin voitures thermiques 2035, taxe carbone aux frontières.
- **Impact France** : investissements dans nucléaire, énergies renouvelables, transports propres.

33. Comment la France applique-t-elle ses engagements internationaux ?

- **Transposition UE** : intégration directives européennes.
- **Aides** aux entreprises et ménages pour réduire leur empreinte carbone.
- **Investissements** : bornes électriques, filière hydrogène, transports publics.

34. Quels sont les défis de la coopération internationale sur le climat ?

- **Inégal engagement** (USA, Chine, Inde).
- **Absence de sanctions contraignantes** pour les États non respectueux.
- **Financement pays en développement** : promesse 100 Mds$/an encore incomplète.

35. Quelles sanctions en cas de non-respect des engagements climatiques ?

- **Sanctions financières** (amendes, quotas CO_2).
- **Pressions diplomatiques** (restrictions commerciales).
- **Nouvelle taxe carbone aux frontières UE** (2026) pour les pays hors normes.

36. Quel est l'impact du numérique sur l'empreinte carbone de l'État ?

- **Hausse consommation énergie** : data centers, 5G.

- **Déchets électroniques** : renouvellement rapide du matériel.

37. Comment réduire l'empreinte carbone du numérique public ?

- **Éco-conception** des logiciels et sites.
- **Cloud souverain** moins énergivore.
- **Recyclage** des équipements informatiques.

Exemple : charte numérique responsable (2025).

38. Quels sont les avantages de la dématérialisation des services publics ?

- **Gain écologique** : moins de papier et déplacements.
- **Simplification administrative** : démarches en ligne (impôts, carte grise).

39. Quels sont les risques environnementaux liés à la numérisation excessive ?

- **Effet rebond** : plus de numérique → plus de consommation énergétique.
- **Obsolescence rapide** du matériel.

40. Comment l'État favorise-t-il l'innovation numérique durable ?

- **Financement** de la GreenTech.
- **Incitations fiscales** aux entreprises innovantes.
- **Recherche** sur les technologies sobres en énergie.

Exemple : Plan France 2030 → 1 Md€ pour le numérique durable.

La fonction publique

1. Qu'est-ce qu'un service public ?

Un **service public** est une activité d'intérêt général organisée et assurée, directement ou indirectement, par l'État, les collectivités territoriales ou des établissements publics.
Son but est de **répondre aux besoins collectifs** de la population (éducation, santé, sécurité, transport...). Il se distingue par des règles spécifiques qui garantissent sa mission au service de tous.

2. Quels sont les principes du service public ?

Trois grands principes structurent l'action des services publics :

- **Égalité** : les usagers doivent être traités sans discrimination, dans des conditions identiques.
- **Continuité** : le service public doit fonctionner sans interruption, même en période de crise.
- **Mutabilité (ou adaptabilité)** : il doit évoluer pour répondre aux nouveaux besoins des usagers et aux transformations de la société.

3. Combien de fonctionnaires en France en 2025 ?

En 2025, la **fonction publique française** compte environ **5,8 millions d'agents**, répartis comme suit :

- **2,5 millions** dans la fonction publique d'État (administrations centrales, services déconcentrés, éducation nationale).

- **1,9 million** dans la fonction publique territoriale (communes, départements, régions).
- **1,3 million** dans la fonction publique hospitalière (hôpitaux, établissements médico-sociaux).

  Ces chiffres incluent les **contractuels** et sont régulièrement ajustés par les rapports de l'INSEE et de la DGAFP.

4. Quels sont les modes de gestion du service public ?

- **Gestion directe** : la collectivité ou l'État gère directement le service (ex. : école publique).
- **Gestion indirecte (ou délégation de service public - DSP)** : une autre personne morale (publique ou privée) assure la mission. Exemples :
  - **Établissement public** (ex. : CCAS).
  - **Entreprise privée** (ex. : entreprise chargée de l'entretien des routes).

5. Qu'est-ce qu'un établissement public ?

Un **établissement public** est une **personne morale de droit public** qui gère un ou plusieurs services publics.
Il comprend :

- **Un organe délibérant** (conseil d'administration).
- **Un organe exécutif** (président ou directeur).

6. Qu'est-ce qu'un EPA ?

Un **Établissement Public Administratif (EPA)** gère des missions administratives (ex. : CNFPT, universités). Il bénéficie d'une **autonomie administrative et financière**.

7. Qu'est-ce qu'un EPIC ?

Un **Établissement Public Industriel et Commercial (EPIC)** gère une activité de nature commerciale ou industrielle, dans un cadre proche du droit privé (ex. : La Poste, RATP).

8. Quelles lois définissent le statut des fonctionnaires ?

- **Titre I** : droits et obligations des fonctionnaires (loi du 13 juillet 1983).
- **Titre II** : fonction publique d'État (loi du 11 janvier 1984).
- **Titre III** : fonction publique territoriale (loi du 26 janvier 1984).
- **Titre IV** : fonction publique hospitalière (loi du 9 février 1986).

9. Séparation du grade et de l'emploi.

- **Grade** : titre appartenant à l'agent, garantissant son statut.
- **Emploi** : poste occupé par l'agent.
  Ainsi, si un emploi est supprimé, l'agent conserve son grade et doit être reclassé.

10. Qu'est-ce que la rémunération indiciaire ?

La **rémunération indiciaire** est calculée selon un **indice** lié au grade et à l'échelon de l'agent.
Formule : Indice × valeur du point d'indice = traitement de base.

Depuis 2023, la valeur du point d'indice est régulièrement revalorisée pour compenser l'inflation.

11. Quelles sont les positions administratives ?

- **Activité** : exercice normal du poste.
- **Détachement** : exercice dans un autre corps, cadre d'emplois ou organisme.
- **Disponibilité** : suspension temporaire sans rémunération ni droits à retraite.
- **Congé parental** : suspension pour élever un enfant, avec maintien partiel des droits d'avancement et de retraite.

12. Droits des fonctionnaires.

- Liberté d'opinion et protection contre la discrimination.
- Droit à la rémunération et à la mobilité.
- Accès à son dossier, droit à la formation et aux congés.
- Protection fonctionnelle en cas de menaces ou attaques.
- Droit syndical, de grève, de participation aux instances.

13. Obligations des fonctionnaires.

- Servir l'intérêt général avec loyauté.
- Obéissance hiérarchique (sauf ordre manifestement illégal).
- Devoir de réserve, de discrétion et de neutralité.
- Secret professionnel.

- Interdiction des conflits d'intérêts et d'activités incompatibles.

14. Faute de service / Faute personnelle.

- **Faute de service** : commise dans le cadre des fonctions ; la responsabilité revient à l'administration.
- **Faute personnelle** : intention de nuire ou comportement inexcusable ; la responsabilité engage l'agent.

15. Groupes de sanctions disciplinaires.

- **1er groupe** : avertissement, blâme, exclusion jusqu'à 3 jours.
- **2e groupe** : abaissement d'échelon, exclusion de 4 à 15 jours.
- **3e groupe** : rétrogradation, exclusion de 16 jours à 6 mois.
- **4e groupe** : mise à la retraite d'office, révocation.

16. Conseil de discipline.

Instance paritaire (CAP) composée de représentants de l'administration et du personnel.
Elle est **obligatoirement saisie** pour les sanctions du 2e au 4e groupe.

17. Loi de transformation de la fonction publique (6 août 2019).

Axes principaux :

- Dialogue social plus stratégique.
- Développement des leviers managériaux.
- Simplification et transparence des procédures.
- Mobilité et accompagnement des transitions professionnelles.
- Renforcement de l'égalité professionnelle.

18. Loi 3DS (21 février 2022).

Loi de **différenciation, décentralisation, déconcentration et simplification** :

- Plus de libertés aux collectivités.
- Adaptation locale des politiques publiques.
- Simplification de la gestion administrative.

19. Cumul d'activités.

Principe : **interdiction du cumul** d'une activité publique et d'une activité privée lucrative.
Dérogations possibles : activités accessoires (enseignement, expertise, création artistique).
Contrôle renforcé par la **loi Déontologie (2016)** et la **loi de transformation (2019)**.

20. Qu'est-ce que la HATVP ?

La **Haute Autorité pour la Transparence de la Vie Publique** contrôle les départs des agents publics vers le secteur privé et les cumuls d'activités pour éviter les conflits d'intérêts.

21. Qu'est-ce que le programme Action Publique 2022 ?

Lancé en 2017, ce programme visait :

- La **numérisation** des services publics (objectif : 100 % dématérialisés).
- La **simplification** des démarches.
- La réduction des dépenses publiques de 3 points de PIB.

22. Qu'est-ce que le RIFSEEP ?

Le **RIFSEEP** (Régime indemnitaire tenant compte des fonctions, sujétions, expertise et engagement professionnel) est composé de :

- **IFSE** (indemnité de fonctions, sujétions et expertise) : mensuelle.
- **CIA** (complément indemnitaire annuel) : versé en 1 ou 2 fois par an.

23. Quelles sont les positions administratives ?

Cf. **point 11** (détail des positions).

24. Fiche de paie dans la fonction publique.

Composée de :

- Traitement indiciaire, indemnité de résidence, SFT, NBI.
- Primes et indemnités diverses.
- Remboursements de frais et avantages en nature.
  Depuis 2019, la **dématérialisation** des bulletins est la norme (sauf refus de l'agent).

25. Qu'est-ce que le droit à la déconnexion ?

Droit pour les agents publics de **ne pas répondre aux sollicitations professionnelles** en dehors du temps de travail. Encadré par l'**accord télétravail du 13 juillet 2021**, il vise à préserver l'équilibre vie professionnelle/vie personnelle

CULTURE TERRITORIALE

La fonction publique territoriale

LES GRANDES ÉTAPES DE LA DÉCENTRALISATION

1. Quelles sont les étapes de la décentralisation ?

La décentralisation en France s'est construite par étapes successives, appelées "actes", qui ont profondément transformé l'organisation de l'État et des collectivités :

- **Acte I – Les lois Defferre (1982-1984)**
    - **Loi du 2 mars 1982** : fin de la tutelle administrative du préfet sur les communes, départements et régions. Les collectivités deviennent de véritables **personnes morales de droit public**, dotées de la **libre administration**.
    - **Loi du 26 janvier 1984** : création du **statut de la fonction publique territoriale**, permettant aux collectivités de recruter et gérer leur personnel sous un cadre commun.
- **Acte II – La révision constitutionnelle (2003)**
    - **Loi constitutionnelle du 28 mars 2003** : la décentralisation devient un **principe constitutionnel**. Elle reconnaît la diversité des collectivités et introduit le principe de **subsidiarité** (une compétence doit être exercée au niveau le plus pertinent).

- **Acte III – La réforme territoriale (2010-2015)**
  - **Loi du 16 décembre 2010** : réforme des collectivités locales (rationalisation des structures).
  - **Loi MAPTAM du 27 janvier 2014** : **affirmation des métropoles** et renforcement du rôle des grandes agglomérations.
  - **Loi NOTRe du 7 août 2015** : nouvelle organisation territoriale de la République (**passage de 22 à 13 régions en métropole**), **suppression de la clause de compétence générale** des départements et régions.
- **Acte IV – La loi 3DS (2022)**
  - **Loi du 21 février 2022** : **différenciation, décentralisation, déconcentration et simplification**. Elle ouvre la voie à des compétences « sur mesure » pour les collectivités et renforce la déconcentration.
- **Perspectives 2025-2026 :**
  - Un projet de **"Décentralisation 2026"** est en préparation : il pourrait élargir les compétences régionales en matière de **formation et d'emploi**, transférer le **RSA aux départements** avec une logique d'insertion renforcée, et permettre davantage d'**expérimentations locales** (logement, santé).

DÉCONCENTRATION ET DÉCENTRALISATION

2. Qu'est-ce que la déconcentration ?

La déconcentration consiste à **déléguer le pouvoir de décision de l'État central à ses représentants locaux**. Les services déconcentrés (préfectures, directions régionales, services départementaux) appliquent les décisions prises au niveau national.
Elle permet de rapprocher l'État des citoyens **sans pour autant lui retirer ses compétences**. Les préfets incarnent cette présence locale, agissant sous l'autorité des ministres.

3. Qu'est-ce que la décentralisation ?

La décentralisation consiste à **transférer des compétences et des moyens à des collectivités territoriales** (communes, départements, régions) qui **s'administrent librement**.
Il existe deux formes de décentralisation :

- **Décentralisation territoriale** : transfert de compétences à des **collectivités élues** (communes, départements, régions).
- **Décentralisation fonctionnelle** : transfert à des **établissements publics** (ex. universités, hôpitaux), dotés d'une personnalité morale et d'une autonomie de gestion.

La décentralisation implique une **autonomie décisionnelle, juridique et financière**.

RÔLE DE L'ÉTAT ET CONTRÔLE

4. Quels sont les rôles des préfets ?

Le préfet est le **représentant de l'État dans le département ou la région**. Ses missions principales sont :

- **Représentation de l'État** : incarner l'autorité de l'État sur le territoire.
- **Sécurité des personnes et des biens** : direction des services de police et de gendarmerie.
- **Contrôle de légalité** : vérifier la conformité des actes des collectivités aux lois.
- **Gestion administrative** : délivrance des titres (cartes d'identité, permis de conduire, etc.).
- **Développement économique** : coordination des politiques publiques locales.
- **Cohésion sociale** : lutte contre les exclusions et intégration des populations.

5. Qu'est-ce que le contrôle de légalité ?

Depuis 1982, le préfet n'a plus le pouvoir d'annuler directement un acte des collectivités.
Désormais, il exerce un **contrôle a posteriori** :

- Il peut saisir le **tribunal administratif** via un **déféré préfectoral** dans un délai de 2 mois si un acte est jugé illégal.
- Un particulier peut aussi saisir le préfet pour lui demander d'agir (**déféré provoqué**).

LES COLLECTIVITÉS TERRITORIALES

6. Qu'est-ce qu'une collectivité territoriale ?

Une **collectivité territoriale** est une **entité publique distincte de l'État**, disposant :

- D'une **personnalité morale** (elle peut posséder un patrimoine et agir en justice).
- D'un **budget autonome**.
- D'un **exécutif** (maire, président du conseil départemental ou régional).
- D'une **assemblée délibérante élue** au suffrage universel.

7. Quels sont les rôles des maires ?

Les maires ont une **double casquette** :

- **En tant qu'exécutif communal** :
    - Préparer et exécuter les décisions du conseil municipal.
    - Gérer l'administration communale.
    - Exercer le pouvoir de police municipale.
    - Représenter la commune en justice.
- **En tant qu'agent de l'État** :
    - Officier d'état civil (mariages, naissances).
    - Officier de police judiciaire.
    - Organisation des élections et du recensement.

8. Quelles sont les compétences des communes ?

- **État civil** : tenue des registres.
- **Ordre public** : police municipale.

- **Urbanisme** : délivrance des permis de construire.
- **Voirie** : entretien des routes communales.
- **Éducation** : gestion des écoles primaires.
- **Services de proximité** : eau, assainissement, déchets.

9. Quel est le rôle du conseil municipal ?

Le conseil municipal **règle les affaires de la commune**.
Il :

- **Vote le budget**.
- **Crée des services publics communaux**.
- **Élabore le plan local d'urbanisme (PLU)**.
- **Élit le maire et les adjoints**.

10. Quelles sont les compétences des régions ?

- **Développement économique** : soutien aux entreprises.
- **Formation professionnelle** : apprentissage et alternance.
- **Éducation** : construction et entretien des lycées.
- **Transports** : TER, cars régionaux.
- **Aménagement du territoire et environnement**.

11. Quel est le rôle du conseil régional ?

Assemblée élue qui **vote le budget**, planifie les projets régionaux, et **contrôle l'action du président**.

12. Quels sont les rôles du président du conseil régional ?

- **Préparer et exécuter les délibérations** du conseil régional.
- **Chef de l'administration régionale**.
- **Ordonnateur des dépenses** et responsable des recettes.
- **Représenter la région** dans les actes juridiques et en justice.

13. Quelles sont les compétences des départements ?

- **Action sociale** : RSA, aide aux personnes âgées et handicapées.
- **Éducation** : construction et entretien des collèges.
- **Voirie** : routes départementales.
- **Protection civile** : gestion des SDIS (pompiers).
- **Culture et patrimoine**.

14. Quel est le rôle du conseil départemental ?

Assemblée délibérante qui **vote le budget**, définit la politique départementale et **contrôle l'action du président**.

15. Quels sont les rôles du président du conseil départemental ?

- Exécuter les délibérations du conseil.
- Chef des services départementaux.
- Ordonnateur des dépenses.
- Représenter le département.

LES INTERCOMMUNALITÉS ET LES MÉTROPOLES

16. Qu'est-ce qu'une métropole ?

Une **métropole** est un **Établissement Public de Coopération Intercommunale (EPCI)** à fiscalité propre.

Elle regroupe plusieurs communes formant un ensemble d'au moins **400 000 habitants** (exceptions possibles pour les grandes villes et chefs-lieux de région).

Objectifs :

- Élaborer et mettre en œuvre un **projet commun de développement** économique, social, écologique et culturel.
- Gérer des **services publics mutualisés** (transports, eau, assainissement, déchets).
- Planifier l'**aménagement du territoire** au niveau de l'agglomération.

Cas particuliers :

- **Métropole du Grand Paris** et **Métropole Aix-Marseille-Provence** (statut spécifique).
- **Métropole de Lyon** : statut unique, elle cumule les compétences d'une intercommunalité et celles du département sur son territoire.

17. Quelles sont les compétences d'une métropole ?

La métropole exerce, **en lieu et place des communes membres**, des compétences obligatoires :

- **Développement économique** : création et gestion des zones d'activités, soutien à l'innovation.

- **Urbanisme** : élaboration des plans locaux d'urbanisme (PLU), création de zones d'aménagement concerté (ZAC).
- **Habitat** : politique du logement, programmes de rénovation urbaine.
- **Transports** : organisation des transports urbains, entretien de certaines routes.
- **Services publics locaux** : eau, assainissement, collecte et traitement des déchets.

Elle peut aussi exercer, par **convention**, des compétences déléguées par l'État, la région ou le département (par exemple : gestion des collèges, action sociale).

18. Qu'est-ce qu'un EPCI ?

Un **Établissement Public de Coopération Intercommunale (EPCI)** est une structure administrative qui regroupe plusieurs communes afin de **mutualiser leurs moyens** et d'exercer certaines compétences en commun.

Types d'EPCI à fiscalité propre :

- **Communautés de communes** (≥ 15 000 habitants).
- **Communautés d'agglomération** (≥ 50 000 habitants autour d'une ville centre de 15 000 hab.).
- **Communautés urbaines** (≥ 250 000 habitants).
- **Métropoles** (≥ 400 000 habitants).

Types d'EPCI sans fiscalité propre :

- **SIVU** (syndicat intercommunal à vocation unique).
- **SIVOM** (syndicat intercommunal à vocation multiple).

Chaque EPCI dispose d'un **conseil intercommunal** et d'un président.

19. Quelles sont les compétences des EPCI ?

Compétences obligatoires (varient selon le type d'EPCI) :

- **Aménagement de l'espace** : plans locaux d'urbanisme intercommunaux (PLUi).
- **Développement économique** : zones d'activités, soutien aux entreprises.
- **Gestion des services publics** : eau, assainissement, collecte des déchets, voirie.
- **Politique de la ville** : prévention de la délinquance, rénovation urbaine.

Compétences optionnelles :

- Culture, sport, tourisme, gestion d'équipements publics, réseaux numériques, etc.

Compétences facultatives :

- Celles choisies librement par les communes membres (exemple : action sociale, crèches intercommunales).

LES ÉTABLISSEMENTS PUBLICS LOCAUX

20. Qu'est-ce qu'un EPL ?

Un **Établissement Public Local (EPL)** est une structure créée par une collectivité (ou plusieurs) pour **gérer un service ou un projet d'intérêt général**.

Deux types d'EPL :

- **EPA** : Établissement Public Administratif (exemple : un centre communal d'action sociale).
- **EPIC** : Établissement Public Industriel et Commercial (exemple : une régie de transport urbain).

Ils disposent :

- D'un **conseil d'administration** (organe délibérant).
- D'un **directeur**.
- D'une **autonomie administrative et financière**.

21. Quelles sont les compétences d'un EPL ?

Les EPL couvrent de nombreux domaines :

- **Action sociale** : centres communaux ou intercommunaux d'action sociale (CCAS/CIAS).
- **Éducation** : établissements publics locaux d'enseignement (EPLE).
- **Aménagement** : établissements publics fonciers (EPF), établissements publics d'aménagement (EPA).
- **Sécurité** : services départementaux d'incendie et de secours (SDIS).
- **Gestion de services** : régies (eau, assainissement, transport, énergie).

Leur mission : assurer la **continuité du service public** dans leur domaine de compétence.

LES ORGANISMES DE LA FONCTION PUBLIQUE TERRITORIALE

22. Quels sont les organismes nationaux de la fonction publique territoriale ?

- **CCFP** : Conseil Commun de la Fonction Publique → avis sur les questions communes aux trois fonctions publiques (État, territoriale, hospitalière).
- **CSFPT** : Conseil Supérieur de la Fonction Publique Territoriale → avis sur les questions spécifiques à la FPT.

- **CNFPT** : Centre National de la Fonction Publique Territoriale → formation et organisation des concours de catégorie A+.
- **CDG** : Centres Départementaux de Gestion → organisation des concours, accompagnement juridique et gestion des carrières pour les petites collectivités.

23. Quels sont les organes locaux de participation ?

- **CAP (Commissions Administratives Paritaires)** :
    - Composées de représentants de l'administration et du personnel.
    - Traitent les **questions individuelles** (promotion, mobilité, sanctions disciplinaires).
- **CST (Comités Sociaux Territoriaux)** :
    - Nés de la fusion des anciens CT (Comités Techniques) et CHSCT (Hygiène, sécurité).
    - Travaillent sur l'**organisation du travail**, la **santé et la sécurité** des agents.

STATUT ET ORGANISATION DE LA FPT

24. Quelles sont les filières de la fonction publique territoriale ?

Il existe **10 filières** regroupant **53 cadres d'emplois** :

- Administrative.
- Technique.
- Culturelle.
- Sportive.
- Animation.

- Police municipale.
- Sapeurs-pompiers professionnels.
- Médico-technique.
- Médico-sociale.
- Sociale.

Chaque filière comprend des **grades** répartis en **catégories A, B, C**.

25. Qu'est-ce que le CNFPT ?

Le **Centre National de la Fonction Publique Territoriale** est un **établissement public national**.

Missions principales :

- **Formation** des agents territoriaux.
- **Observation** des métiers et évolution des besoins.
- **Organisation des concours** des cadres d'emplois de catégorie A+.

Il fonctionne grâce à **29 délégations régionales**, pour être au plus proche des collectivités.

26. Qu'est-ce que le CDG ?

Les **Centres de Gestion** sont des établissements départementaux qui assistent les collectivités :

- **Organisation des concours** (hors A+).
- **Publicité des créations et vacances d'emplois**.
- **Prise en charge des fonctionnaires privés d'emploi**.
- **Accompagnement juridique et statutaire**.
- **Mise à disposition de référents déontologues**.

27. Qu'est-ce que la libre administration des collectivités ?

Principe constitutionnel (article 72 de la Constitution) : les collectivités **s'administrent librement** par des **conseils élus**, dans le cadre des lois.

En pratique :

- Elles gèrent leur **budget**.
- Elles organisent leurs **services publics**.
- Elles exercent les **compétences qui leur sont attribuées**.

28. Catégorie, corps, cadre d'emplois, grade et échelon : quelles différences ?

- **Catégorie** : niveau de recrutement (A = bac +3, B = bac, C = CAP/BEP).
- **Cadre d'emplois** : ensemble des agents soumis aux mêmes règles.
- **Corps** : terme utilisé dans la fonction publique d'État (équivalent du cadre d'emplois).
- **Grade** : position dans le cadre d'emplois (exemple : attaché territorial).
- **Échelon** : progression indiciaire dans le grade (impacte le salaire).

29. Qu'est-ce que le CGCT ?

Le **Code Général des Collectivités Territoriales** regroupe l'ensemble des **règles législatives et réglementaires** qui organisent :

- Le fonctionnement des collectivités.
- Leurs compétences.
- Leur régime budgétaire et financier.

LES MÉTIERS DE LA FPT

30. Quelles sont les missions d'un rédacteur territorial ?

Cadre de **catégorie B**, le rédacteur territorial exerce principalement des fonctions administratives, de gestion et d'encadrement intermédiaire :

- **Gestion administrative** : suivi des dossiers, rédaction d'actes administratifs, gestion des ressources humaines.
- **Gestion budgétaire** : préparation et suivi du budget, exécution des dépenses et recettes.
- **Accueil et information du public** : relations avec les usagers, traitement des demandes.
- **Appui aux élus** : préparation des délibérations, organisation des réunions, rédaction de notes et rapports.

Évolution de carrière : rédacteur → rédacteur principal de 2e classe → rédacteur principal de 1re classe → possibilité d'accès au cadre A par concours interne ou promotion interne.

Rémunération : environ **1 750 € à 2 800 € brut** en début de carrière, plus primes et indemnités (RIFSEEP).

Culture professionnelle du métier d'attaché territorial

1. Qu'est-ce qu'un attaché territorial ?

L'attaché territorial est un **cadre A de la fonction publique territoriale**. Il participe à la **conception, la mise en œuvre et l'évaluation** des politiques publiques locales. Il encadre des équipes, pilote des projets et conseille les élus dans leurs décisions. Son rôle est d'assurer la **cohérence administrative et financière** des actions locales. Il incarne la continuité du service public au niveau territorial.

2. Quelles sont les principales missions d'un attaché territorial ?

Ses missions varient selon le service, mais elles incluent la **gestion des ressources humaines**, la **conduite de projets**, la **préparation budgétaire**, la **communication institutionnelle** et la **planification stratégique**. Il peut diriger un service ou un pôle administratif. L'attaché territorial traduit les orientations politiques en actions opérationnelles. Il est un **maillon essentiel entre élus et administration**.

3. Quelles sont les valeurs fondamentales du service public

Les valeurs cardinales sont la **neutralité**, la **laïcité**, la **égalité de traitement** et la **continuité du service**. L'agent agit avec **intégrité et impartialité**, au service de l'intérêt général. Il doit respecter le principe de **neutralité politique et religieuse**. Ces valeurs constituent la base de la culture professionnelle de tout agent public.

4. Qu'est-ce que le sens de l'intérêt général ?

C'est la capacité à agir **au-delà de ses intérêts personnels** pour le bien collectif. L'attaché territorial doit prendre des décisions qui bénéficient à la collectivité, même si elles ne lui profitent pas directement. Il garantit la **transparence et la loyauté** dans l'exercice de ses fonctions. L'intérêt général prime toujours sur toute autre considération individuelle.

5. Quelle est l'importance de la déontologie dans la fonction publique ?

La déontologie regroupe l'ensemble des **règles de conduite éthiques** imposées à tout fonctionnaire. Elle vise à prévenir les conflits d'intérêts, à garantir la probité et la transparence. L'attaché territorial doit éviter toute situation compromettant son impartialité. Il agit toujours en cohérence avec les **principes républicains et la confiance des citoyens**.

6. Quelle est la différence entre un élu et un attaché territorial ?

L'élu définit les orientations politiques, tandis que l'attaché territorial les **met en œuvre de manière neutre et technique**. L'attaché n'exprime pas d'opinion politique dans son travail. Il conseille et alerte l'élu en cas de risque administratif ou juridique. Cette **complémentarité** garantit la séparation entre la décision politique et la gestion administrative.

7. Quelle est la place de la neutralité dans son travail ?

La **neutralité** interdit à l'attaché d'exprimer ses convictions politiques, religieuses ou syndicales dans le cadre professionnel. Elle assure la **confiance du public** et l'égalité de traitement des usagers. Même dans les services sensibles (urbanisme, social, finances), il agit sans parti pris. La neutralité est une garantie de **crédibilité institutionnelle**.

8. Quelles sont les obligations du fonctionnaire territorial

Il doit respecter des obligations de **dignité, d'impartialité, de probité, de discrétion professionnelle et de réserve**. Ces règles sont fixées par la loi du 13 juillet 1983, dite loi Le Pors. Il doit se former en continu et exécuter ses missions dans le respect du droit. Ces obligations encadrent le comportement de tout agent territorial.

9. Qu'est-ce que la hiérarchie dans une collectivité territoriale ?

L'attaché territorial agit sous l'autorité du **directeur général des services (DGS)** ou du maire/président. La hiérarchie fixe les priorités et les objectifs. Le respect de la chaîne hiérarchique garantit la cohérence administrative. Cependant, l'attaché dispose d'une marge d'autonomie pour adapter les politiques publiques au terrain. Il doit conjuguer obéissance et responsabilité.

10. Pourquoi la formation continue est-elle obligatoire ?

La loi impose à tout agent public de suivre une **formation tout au long de sa carrière**. Elle permet d'actualiser ses compétences techniques, juridiques et managériales. Pour un attaché, la veille réglementaire est cruciale pour rester performant. Le CNFPT propose de nombreuses formations adaptées à son métier. La formation entretient la **qualité du service public**.

11. Qu'est-ce que la responsabilité administrative d'un attaché ?

L'attaché est **responsable de ses actes** dans le cadre de ses missions. Une erreur ou une faute peut engager sa responsabilité disciplinaire, civile ou pénale. Il doit donc faire preuve de prudence et de rigueur. En cas d'ordre manifestement illégal, il a le devoir de refuser de l'exécuter. Cette responsabilité renforce la conscience professionnelle.

12. Quel est le rôle de l'attaché dans la gestion budgétaire

Il prépare, exécute et suit le budget d'un service ou d'une collectivité. Il élabore des **rapports financiers, analyse les dépenses et anticipe les recettes**. L'attaché territorial veille à la bonne utilisation de l'argent public. Il applique les principes de régularité et de transparence financière. Sa compétence budgétaire est un pilier de la bonne gouvernance locale.

13. Quelle place occupe la communication institutionnelle

L'attaché doit savoir **informer les usagers et valoriser l'action publique**. La communication institutionnelle sert à expliquer les décisions des élus et les projets menés. Elle renforce la proximité entre la collectivité et les citoyens. La clarté, la pédagogie et la transparence sont essentielles. Un bon communicant renforce la légitimité du service public.

14. Comment l'attaché gère-t-il les ressources humaines ?

Il encadre les agents, anime les équipes et développe leurs compétences. Il participe au **recrutement, à la formation et à l'évaluation** des personnels. Sa mission consiste à favoriser la motivation et la cohésion du service. Il doit appliquer le statut de la fonction publique territoriale avec équité. Le management bienveillant est un levier d'efficacité collective.

15. Quelle est la différence entre l'État et la fonction publique territoriale ?

L'État agit sur l'ensemble du territoire national, tandis que les **collectivités territoriales** (communes, départements, régions) gèrent des compétences de proximité. L'attaché territorial applique des politiques publiques locales adaptées aux besoins du territoire. Son action repose sur la **décentralisation**. Cette autonomie locale renforce la réactivité des services publics.

16. Que signifie le principe de continuité du service public

Ce principe garantit que les services publics fonctionnent **en permanence**, malgré les aléas (grèves, crises, absences). L'attaché doit organiser la continuité du service pour les citoyens. Cela suppose une gestion prévisionnelle et un sens aigu de la responsabilité. La continuité est un **gage de confiance et de stabilité institutionnelle**.

17. En quoi consiste la discrétion professionnelle ?

Elle interdit à l'agent de divulguer des informations confidentielles dont il a connaissance dans le cadre de son travail. Cela concerne les dossiers, données personnelles ou décisions internes. Le non-respect de cette règle peut entraîner une **sanction disciplinaire**. La discrétion garantit la **protection des usagers et la crédibilité de l'administration**.

18. Pourquoi la probité est-elle essentielle ?

La probité désigne la **honnêteté absolue** dans la gestion des moyens publics. L'attaché territorial doit éviter tout enrichissement personnel ou avantage indu. Toute situation de conflit d'intérêts doit être déclarée. La probité fonde la confiance entre l'administration, les élus et les citoyens. C'est une exigence morale et légale.

19. Qu'est-ce qu'un conflit d'intérêts ?

C'est une situation où les intérêts personnels d'un agent peuvent **interférer avec ses fonctions professionnelles**. Par exemple, traiter un dossier impliquant un proche. L'attaché territorial doit déclarer ces situations à sa hiérarchie. Il peut être écarté du traitement du dossier pour préserver l'impartialité. La prévention du conflit d'intérêts est une priorité déontologique.

20. Quelle est la place de la laïcité dans le service public ?

La laïcité impose une **neutralité religieuse totale** dans l'exercice des fonctions. L'attaché ne peut manifester ses croyances dans son activité professionnelle. Il veille à ce que les usagers soient traités avec égalité, quelles que soient leurs convictions. Ce principe fondateur protège la liberté de conscience. Il assure la **cohésion du service public**.

21. Qu'est-ce que la modernisation de l'action publique ?

C'est un ensemble de démarches visant à **rendre le service public plus efficace, plus proche et plus transparent**. L'attaché territorial participe à la transformation numérique, à la simplification administrative et à l'innovation. Il développe des indicateurs d'évaluation pour mesurer la performance. Cette culture du résultat est devenue centrale dans la gestion publique locale.

22. En quoi consiste la gestion de projet territorial ?

Elle implique de définir des objectifs, un budget, un calendrier et des indicateurs. L'attaché territorial coordonne les acteurs publics et privés autour d'un projet local. Il maîtrise les outils de **planification, communication et évaluation**. Cette approche renforce la cohérence et la durabilité des actions publiques. Le pilotage de projet est une compétence clé.

23. Comment l'attaché territorial contribue-t-il à la transition écologique ?

Il intègre les **objectifs de développement durable** dans les politiques locales : mobilité douce, énergies renouvelables, gestion des déchets. Il évalue l'impact environnemental des décisions publiques. L'attaché devient un acteur stratégique de la **transition écologique territoriale**. Il favorise les partenariats et les financements innovants pour atteindre ces objectifs.

24. Quelle est l'importance de la gestion de crise ?

En cas d'événement majeur (inondation, pandémie, cyberattaque), l'attaché territorial participe à la **cellule de crise**. Il coordonne les actions administratives et logistiques pour assurer la continuité des services. Il élabore des plans de prévention et de communication. Cette compétence renforce la **résilience territoriale** et la réactivité des collectivités.

25. Comment se traduit la culture de l'évaluation ?

L'évaluation mesure les résultats d'une politique publique et son efficacité. L'attaché territorial conçoit des **tableaux de bord et indicateurs de performance**. Il analyse les retours d'expérience pour améliorer les pratiques. L'évaluation favorise la transparence et la responsabilisation des décideurs. Elle fait partie intégrante de la modernisation administrative.

26. Pourquoi la qualité du service à l'usager est-elle prioritaire ?

L'usager est au cœur de l'action publique. L'attaché territorial doit garantir un **accueil efficace, courtois et équitable**. La satisfaction de l'usager reflète la qualité de la gestion publique. Il faut donc écouter, adapter et simplifier les démarches. Servir l'usager, c'est **donner du sens à la mission de service public**.

27. Comment se construit la relation avec les partenaires institutionnels ?

L'attaché territorial collabore avec les **préfectures, services de l'État, associations et entreprises**. Cette coopération est essentielle pour mettre en œuvre des politiques cohérentes. Il doit maîtriser la communication interinstitutionnelle et la diplomatie administrative. La coordination renforce la légitimité des actions locales. Le partenariat est un levier de réussite territoriale.

28. Qu'est-ce que la mobilité professionnelle dans la fonction publique ?

La mobilité permet de **changer de poste, de collectivité ou de spécialité**. Elle enrichit le parcours de l'attaché territorial et favorise le partage des compétences. Elle est encouragée par la loi pour dynamiser la carrière et diversifier les expériences. Cette ouverture renforce la **polyvalence et la culture du service public**.

29. Comment l'attaché territorial participe-t-il à la stratégie politique locale ?

Sans prendre part au débat politique, il **apporte une expertise technique** aux élus. Il analyse les enjeux, prépare les rapports et rédige les délibérations. Il veille à la conformité juridique et budgétaire des décisions. L'attaché est un **conseiller de confiance**, garant du cadre légal et de la faisabilité des projets. Son travail influence la réussite des politiques locales.

30. Pourquoi la culture professionnelle est-elle essentielle

La culture professionnelle donne du **sens, de la cohérence et de la légitimité** à l'action publique. Elle associe valeurs républicaines, compétences techniques et éthique du service. L'attaché territorial doit incarner cette culture au quotidien. Elle assure la continuité, la qualité et la crédibilité du service public. C'est la marque d'un **fonctionnaire engagé et exemplaire**.

Le management dans la fonction publique territoriale

1. Qu'est-ce que le management dans la fonction publique territoriale ?

Le management dans la FPT consiste à **organiser, piloter et animer les équipes** afin d'assurer la mise en œuvre efficace des politiques publiques locales. Il repose sur la **mobilisation des agents**, la **clarification des objectifs** et le **suivi de la performance du service public**, tout en respectant les valeurs de neutralité, d'égalité et d'intérêt général.

2. Quelle est la spécificité du management public par rapport au privé ?

Le management public vise **la qualité du service rendu à l'usager**, non la rentabilité financière. Le manager territorial agit dans un cadre **réglementé**, où la transparence, la légalité et la continuité du service public priment sur la logique de profit. Sa performance se mesure à la satisfaction des citoyens et à l'efficacité des politiques locales.

3. Quelles sont les principales missions d'un manager territorial ?

Il doit **fixer les objectifs**, **organiser le travail**, **accompagner les agents**, **animer la communication interne**, et **contrôler les résultats**. Le manager territorial joue un rôle d'interface entre les élus, la direction et les équipes opérationnelles, garantissant la cohérence entre la stratégie politique et l'action administrative.

4. Quelles compétences sont attendues d'un manager territorial ?

Le manager territorial doit faire preuve de **leadership, sens du dialogue, capacité à motiver**, mais aussi de **rigueur administrative et maîtrise du cadre réglementaire**. Il doit savoir arbitrer, résoudre les conflits, favoriser la coopération et impulser une dynamique collective autour du service public.

5. Qu'est-ce que le management participatif dans les collectivités ?

C'est une méthode où le manager associe ses agents aux décisions, valorise leurs compétences et les responsabilise. Ce style de management favorise l'engagement, l'innovation et la reconnaissance, tout en renforçant la cohésion d'équipe. Il est particulièrement adapté aux services de proximité et aux petites collectivités.

6. Qu'est-ce qu'un projet de service ?

Le projet de service est un **document de planification interne** qui définit les objectifs, les moyens et les actions d'un service sur une période donnée. Il sert de feuille de route collective et permet au manager de mobiliser les agents autour d'une vision commune alignée sur les orientations politiques.

7. Quelle est la place du management dans la démarche qualité ?

Le management est au cœur de la démarche qualité car il garantit la **coordination des processus**, l'**amélioration continue** et la **satisfaction de l'usager**. Le manager territorial s'assure que les procédures soient efficaces, évaluées et réajustées régulièrement.

8. Comment un manager territorial peut-il motiver son équipe ?

En combinant plusieurs leviers : **reconnaissance du travail**, **autonomie**, **formation**, **écoute active** et **communication bienveillante**. Dans la FPT, la motivation passe aussi par la **valorisation du sens du service public** et par des projets collectifs fédérateurs.

9. Qu'est-ce qu'un entretien professionnel ?

C'est un moment d'échange annuel entre l'agent et son supérieur hiérarchique pour **évaluer les résultats**, **fixer les objectifs futurs** et **identifier les besoins en formation**. Le rédacteur ou le manager en assure souvent la préparation et la rédaction du compte rendu officiel.

10. Comment gérer les conflits au sein d'une équipe ?

Le manager doit d'abord **analyser la cause du conflit** (communication, charge de travail, reconnaissance...), puis favoriser un **dialogue apaisé**. Il joue un rôle de médiateur, propose des solutions équilibrées et veille à préserver la cohésion et la neutralité du service public.

11. Quelle est la différence entre management stratégique et opérationnel ?

Le **management stratégique** fixe les grandes orientations et les priorités à moyen ou long terme. Le **management opérationnel** met en œuvre ces orientations au quotidien. Dans la FPT, les élus définissent la stratégie, tandis que les managers territoriaux assurent son application concrète.

12. Qu'est-ce que le management par objectifs (MPO) ?

C'est une méthode qui consiste à **fixer des objectifs mesurables et partagés** pour chaque agent ou service. Elle favorise l'autonomie, la responsabilisation et l'évaluation transparente des résultats. Dans la FPT, elle s'intègre souvent dans les démarches de performance et de qualité.

13. Qu'est-ce que la conduite du changement dans les collectivités ?

La conduite du changement vise à **accompagner les agents** lors d'une réorganisation, d'un nouvel outil numérique ou d'une réforme. Le manager doit expliquer le sens du changement, former les agents, anticiper les résistances et valoriser les bénéfices collectifs pour garantir l'adhésion.

14. Quelle est la place de la communication interne dans le management territorial ?

La communication interne permet de **diffuser l'information**, **expliquer les décisions** et **renforcer le sentiment d'appartenance**. Un manager efficace communique régulièrement, favorise la transparence et crée des espaces de dialogue, formels ou informels, pour maintenir la confiance.

15. Qu'est-ce que le leadership dans la FPT ?

C'est la capacité à **inspirer, entraîner et fédérer** une équipe autour d'un projet. Le leader public combine autorité bienveillante et exemplarité. Dans la FPT, il s'appuie sur les valeurs du service public, la clarté des missions et la reconnaissance des contributions individuelles.

16. Quelles sont les principales difficultés du management public ?

Les contraintes budgétaires, la complexité réglementaire, la diversité des statuts et la résistance au changement peuvent freiner l'action du manager. Il doit trouver un **équilibre entre cadre hiérarchique, autonomie des agents et exigences politiques**.

17. Qu'est-ce que la gestion prévisionnelle des emplois et des compétences (GPEC) ?

La GPEC permet d'**anticiper les besoins en compétences** et d'adapter les effectifs aux évolutions des missions. Le manager territorial y participe en identifiant les talents, les postes sensibles et les formations nécessaires pour maintenir la performance du service.

18. Comment concilier management et règles statutaires ?

Le manager public doit respecter les **principes du statut de la fonction publique** (égalité, transparence, impartialité) tout en animant ses équipes. Il dispose d'une marge d'autonomie pour motiver et organiser, mais ne peut pas agir selon des logiques purement discrétionnaires.

19. Qu'est-ce que la bienveillance managériale ?

C'est une posture qui allie **exigence et respect**, cherchant à créer un climat de confiance propice à l'engagement. Le manager bienveillant reconnaît les efforts, accompagne les difficultés et valorise la progression individuelle au service du collectif.

20. Quel est le rôle du manager territorial dans la modernisation de la FPT ?

Il est un **acteur clé de l'innovation publique**. En favorisant la dématérialisation, la transversalité entre services et l'expérimentation locale, il contribue à moderniser les pratiques et à adapter la collectivité aux défis sociaux, numériques et environnementaux actuels.

1. **Question : Quel décret majeur modifie les règles de recrutement de la fonction publique à compter du 1er octobre 2025 ?**

Le Décret n° 2025-695 du 24 juillet 2025 codifie le Livre III du Code général de la fonction publique (CGFP), relatif au recrutement dans les trois versants (État, territoriale, hospitalière) à compter du 1 octobre 2025. Les collectivités territoriales doivent ajuster leurs procédures RH, diffusion des avis de vacance et outils internes en conséquence.

2. **Question : Quelles conséquences pour les collectivités territoriales de cette codification ?**

La réforme impose aux employeurs territoriaux de renforcer la traçabilité, normaliser les modèles d'avis de vacance, mettre à jour les procédures et former les gestionnaires RH. Cela implique également une veille juridique accrue pour garantir la conformité des recrutements.

3. **Question : Quelle réforme du régime indemnitaire pour les agents territoriaux est entrée en vigueur en mars 2025 ?**

Le régime des primes a été impacté par une mesure réduisant à 90 % le traitement de base des agents en congé pour raison de santé pendant les trois premiers mois, ce qui a un effet domino sur le montant des primes, NBI ou complément de traitement pour les agents territoriaux.

4. **Question : Quel enjeu d'attractivité de la FPT est mis en lumière dans les actualités 2025 ?**

Selon une enquête, environ 60 % des agents de la fonction publique territoriale ont déclaré avoir un « bon moral » en 2025, soulignant que malgré les tensions, la FPT reste attractive : nombreux recrutements, missions de service public valorisées.

5. **Question : Quelle modification relative à l'avancement en catégorie B de la FPT est prévue ?**

Une réforme annoncée pour 2026 vise à assouplir les conditions d'avancement en catégorie B, afin de lever des blocages de carrière pour les agents territoriaux.

6. **Question : Quelles annonces pour le budget 2026 concernant la fonction publique ont un impact sur la FPT ?**

Le projet de budget 2026 prévoit des économies majeures – suppression de postes, absence de revalorisation générale des salaires – qui concernent également la fonction publique territoriale et entraînent des préoccupations sur les employeurs territoriaux.

7. **Question : Que signifie pour la FPT la mesure « non-remplacement d'un fonctionnaire sur trois partant à la retraite » ?**

Elle signifie que pour certaines collectivités, chaque départ à la retraite ne sera pas systématiquement suivi d'un remplacement, ce qui peut conduire à redéploiements, mutualisations de services ou accroissements de la charge de travail.

8. **Question : Quelle mesure de « déburocratisation » de la fonction publique a été évoquée début 2025 ?**

Le gouvernement a évoqué une réduction de la bureaucratie publique, notamment via la simplification des procédures internes, le numérique et une meilleure lisibilité des missions territoriales, dans un contexte de crise d'attractivité.

9. **Question : Pourquoi la codification du CGFP est-elle une actualité importante pour la FPT ?**

Parce qu'elle regroupe et clarifie les textes applicables aux agents territoriaux, rendant plus accessible le cadre statutaire et les obligations des employeurs, ce qui impacte directement les concours, recrutements et gestion de carrières.

10. **Question : Quel texte abordé par le Conseil supérieur de la fonction publique territoriale (CSFPT) en septembre 2025 envisageait-il de supprimer un seuil de population pour certains cadres d'emplois ?**

Un projet de décret visait à supprimer le seuil de 2 000 habitants permettant la création d'un emploi d'attaché, d'ingénieur ou de conseillers dans certaines collectivités, ce qui aurait un impact sur l'organisation des petites communes.

11. Question : Quelle mesure dans la FPT vise à assouplir les conditions d'utilisation du compte épargne temps (CET)

Le projet de décret prévoit que l'organe délibérant puisse fixer un plafond pour les jours indemnisables épargnés sur le CET, permettant une meilleure gestion des absences et des droits acquis.

12. Question : Quel est l'impact de la réforme du recrutement pour les candidats aux concours territoriaux ?

Avec la codification du Livre III, les candidats doivent désormais être informés que les modalités de concours, la diffusion des avis et la structure des recrutements évoluent, ce qui nécessite une vigilance accrue dans leur préparation.

13. Question : Pourquoi l'actualité des primes en 2025 est-elle centrale pour les agents territoriaux ?

Parce que la réduction des rémunérations pendant les arrêts maladie (à 90 %) a un impact sur les bases de calcul des primes comme la NBI, affectant ainsi le revenu net des agents et soulevant des questions d'équité.

14. Question : Comment la question de l'attractivité des carrières territoriales est-elle abordée en 2025 ?

Elle est abordée via des études montrant un intérêt accru des sur-diplômés pour les collectivités locales, cherchant du sens et un impact concret, ce qui est un enjeu stratégique pour les recrutements territoriaux.

15. Question : Quelle réforme statutaire de l'encadrement supérieur concerne également la FPT ?

La réforme de l'encadrement supérieur qui prévoit la mise en place d'une grille unique pour les administrateurs territoriaux et la suppression de certaines grilles fonctionnelles dans les collectivités > 40 000 habitants.

16. Question : Quel enjeu de modernisation des collectivités est souligné dans les actualités 2025-2026

L'accélération de la dématérialisation, de la simplification des procédures et du travail hybride dans les collectivités est un enjeu majeur pour améliorer la performance et l'attractivité de la FPT. (Synthèse de l'actualité)

17. Question : Quelle mesure liée à la formation et à la promotion interne a été mise en avant récemment ?

La réforme de la promotion interne territoriale (règle « 1 pour 2 » en lieu et place de « 1 pour 3 ») facilite l'avancement des agents, ce qui constitue un élément de motivation et de gestion des carrières.

18. Question : En quoi le projet de budget 2026 peut-il affecter les collectivités territoriales ?

Car les suppressions de postes et l'absence de revalorisation salariale peuvent conduire à des contraintes sur les services publics locaux, à des reconfigurations d'effectifs et à la nécessité d'optimiser les moyens.

19. Question : Quel rôle pour les centres de gestion (CDG) suite à ces évolutions ?

Les CDG renforcent leurs missions de conseil, d'accompagnement des collectivités dans les nouvelles règles statutaires (recrutement, gestion de carrières, prévention des risques) et veillent à la documentation statutaire à jour.

20. Question : Quel enjeu environnemental figure parmi les actualités des collectivités en 2025 ?

La rénovation énergétique des bâtiments, la lutte contre l'obsolescence des parcs publics et l'adaptation aux normes environnementales (ex. DPE G non louables) sont des dossiers structurants pour les collectivités territoriales. (Synthèse d'actualité)

21. Question : Pourquoi la veille juridique est-elle plus importante que jamais pour les agents territoriaux en 2025 ?

Parce que de nombreuses règles statutaires, indemnitaire et de recrutement évoluent (réformes, décrets, codifications) et les agents doivent s'y adapter pour éviter des conséquences professionnelles ou financières.

22. Question : Comment les collectivités territoriales sont-elles concernées par la hausse des complémentaires santé en 2025 ?

Les agents territoriaux voient une augmentation moyenne de 6 % de leur complémentaire santé, et les collectivités doivent envisager la prise en charge collective ou des dispositifs obligatoires.

23. Question : Quel impact la réforme de l'avancement en catégorie B peut-elle avoir sur les candidats aux concours internes territoriaux ?

Elle offre davantage d'opportunités d'avancement, ce qui peut encourager les agents à se former, à postuler à des fonctions supérieures et à s'engager dans la carrière territoriale.

24. Question : Quelle simplification prévoit-on pour les petits établissements dans la FPT ?

Le projet de décret permet l'assimilation automatique des CCAS/CIAS à leur commune ou EPCI de rattachement, ce qui favorise la mobilité et la gestion RH dans les petites structures.

25. Question : Quel est l'impact de l'allongement de la périodicité des visites médicales pour les agents territoriaux ?

Le projet de décret prévoit d'allonger à 5 ans la périodicité pour certains cadres de catégorie A et B, ce qui modifie les obligations de suivi santé et les processus de prévention dans les collectivités.

26. Question : Pourquoi les suppressions de postes dans la fonction publique inquiètent-elles les collectivités territoriales ?

Car elles peuvent conduire à des restrictions d'effectifs, à une charge de travail accrue pour les agents restants, à un ralentissement des services publics locaux et à des difficultés de recrutement.

27. Question : Comment la question de l'intégration des jeunes diplômés se positionne-t-elle dans l'actualité territoriale ?

De plus en plus de sur-diplômés se tournent vers la FPT, motivés par le service au citoyen, ce qui peut renforcer la mixité des profils et renouveler les équipes territoriales.

28. Question : En quoi la réforme de l'encadrement supérieur est-elle essentielle pour comprendre les évolutions de carrière territoriale ?

Elle redéfinit les grilles indiciaires et les emplois fonctionnels supérieurs, ce qui influence la rémunération, la mobilité et les responsabilités des cadres territoriaux.

29. Question : Quel rôle joue la modernisation numérique dans les actualités des collectivités locales ?

Les collectivités investissent dans la dématérialisation des procédures, le télétravail, les plateformes collaboratives, ce qui modifie les modes de fonctionnement, les compétences attendues et l'organisation des services territoriaux.

30. Question : Pourquoi est-il essentiel pour un candidat au concours territorial de connaître ces actualités 2025-2026 ?

Parce que les sujets d'actualité sont souvent mobilisés dans les épreuves écrites et orales (note, rapport, entretien) pour tester la capacité du candidat à s'inscrire dans le contexte institutionnel en mutation et à en analyser les enjeux.

CULTURE GENERALE

Arts et médias : évènements culturels, tendances médiatiques

1. Quelle exposition le Centre Pompidou a-t-il consacré à Constantin Brancusi en 2024 ?

En 2024, le Centre Pompidou a organisé une grande rétrospective dédiée à Constantin Brancusi, présentant près de 200 sculptures ainsi que des photographies, dessins et films de l'artiste. Cette exposition a offert une vision complète de l'œuvre de celui qui est considéré comme l'inventeur de la sculpture moderne.

2. Quelle exposition a été présentée à la Cinémathèque française en 2024 sur l'œuvre de James Cameron ?

En 2024, la Cinémathèque française a présenté une exposition intitulée "L'Art de James Cameron", offrant une plongée dans l'univers du réalisateur à travers des maquettes, dessins préparatoires et extraits de films, permettant ainsi aux visiteurs de découvrir les coulisses de ses œuvres majeures.

3. Quelle exposition a été organisée au Musée Goya en 2024 en hommage à Pierre Fabre ?

En 2024, le Musée Goya a organisé l'exposition "Visions plurielles" en hommage à Pierre Fabre, présentant des œuvres habituellement conservées au domaine du Carla, notamment des portraits et des natures mortes de peintres espagnols, hollandais et français, acquises par Fabre au fil des ans.

4. Quelle rétrospective a été dédiée à Iris van Herpen au Musée des Arts décoratifs en 2024 ?

Du 29 novembre 2023 au 28 avril 2024, le Musée des Arts décoratifs à Paris a consacré une rétrospective à Iris van Herpen, présentant une centaine de robes réparties en neuf thématiques, illustrant la fusion entre mode, design, art contemporain et science dans ses créations.

5. Quelle exposition a été présentée à la Fondation Louis Vuitton en 2024 sur le pop art ?

En 2024, la Fondation Louis Vuitton a présenté l'exposition "Pop Forever", une rétrospective du pop art des années 1950 à aujourd'hui, incluant des œuvres de figures majeures du mouvement ainsi que des artistes féminines et afro-américaines souvent négligées, offrant une vision plus complète et nuancée du pop art.

6. Quelle exposition a été organisée à la Bourse de Commerce en 2024 sur l'arte povera ?

En 2024, la Bourse de Commerce à Paris a mis en avant l'avant-garde italienne de l'arte povera, présentant des œuvres de ce mouvement artistique qui utilise des matériaux pauvres pour contester les valeurs consuméristes, illustrant ainsi l'initiative des opérateurs privés dans l'organisation de grandes expositions artistiques.

7. Quelle exposition a été présentée au Musée d'Orsay en 2024 sur Nathanaëlle Herbelin ?

En 2024, le Musée d'Orsay a présenté l'exposition "Nathanaëlle Herbelin. Être ici est une splendeur", offrant une perspective contemporaine sur l'œuvre de l'artiste, dans le cadre de sa programmation dédiée aux lectures et expositions contemporaines.

8. Quelle exposition a été organisée au Musée d'Orsay en 2024 sur Barbara Chase-Riboud ?

En 2024, le Musée d'Orsay a organisé l'exposition "Barbara Chase-Riboud. Quand un nœud est dénoué, un dieu est libéré", mettant en lumière le travail de cette artiste dans le cadre de sa programmation dédiée aux lectures et expositions contemporaines.

9. Quelle exposition a été présentée au Musée d'Orsay en 2024 sur Elmgreen & Dragset ?

En 2024, le Musée d'Orsay a présenté l'exposition "Elmgreen & Dragset. L'Addition", offrant une perspective contemporaine sur l'œuvre de ces artistes, dans le cadre de sa programmation dédiée aux lectures et expositions contemporaines.

10. Quelle exposition a été organisée au Musée Goya en 2024 sur Damien Deroubaix ?

En 2024, le Musée Goya a organisé l'exposition "La vida es sueño" de Damien Deroubaix, composée de toiles, peintures, gravures, collages, statuettes de cire, assiettes avec un vaisselier, broches et panneaux en bois taillés, s'inspirant des œuvres de Francisco de Goya, de la mythologie et de la sorcellerie.

11. Quel est le plus ancien festival de cinéma au monde et en quelle année a-t-il été créé ?

Le plus ancien festival de cinéma au monde est la Mostra internationale d'art cinématographique de Venise, créée en 1932.

12. Quels sont les trois festivals de cinéma les plus prestigieux au monde, souvent désignés comme les "Big Three" ?

Les trois festivals de cinéma les plus prestigieux au monde, appelés les "Big Three", sont la Mostra de Venise, le Festival de Cannes et la Berlinale (Festival international du film de Berlin).

13. Quelle est la récompense principale décernée au Festival de Cannes et depuis quelle année ce festival existe-t-il ?

La récompense principale du Festival de Cannes est la Palme d'or. Le festival a été fondé en 1946.

14. Quelle est la particularité du Festival international du film de Berlin concernant son engagement politique et social

Le Festival international du film de Berlin, ou Berlinale, est reconnu pour son engagement politique et social, mettant souvent en avant des films traitant de sujets contemporains et controversés, reflétant les préoccupations sociétales actuelles.

15. Quel festival de cinéma est considéré comme le plus important en Amérique du Nord et en quelle année a-t-il été fondé ?

Le Festival international du film de Toronto (TIFF) est considéré comme le plus important en Amérique du Nord. Il a été fondé en 1976.

16. Quel festival de cinéma français est dédié aux premiers films européens et où se déroule-t-il ?

Le Festival Premiers Plans est dédié aux premiers films européens. Il se déroule à Angers, en France.

17. Quel festival de cinéma français est consacré au court métrage et où a-t-il lieu ?

Le Festival international du court métrage de Clermont-Ferrand est consacré au court métrage. Il se tient à Clermont-Ferrand, en France.

18. Quelle est la récompense principale décernée à la Mostra de Venise ?

La récompense principale décernée à la Mostra de Venise est le Lion d'or.

19. Quel festival de cinéma est dédié aux films d'animation et où se déroule-t-il ?

Le Festival international du film d'animation d'Annecy est dédié aux films d'animation. Il se déroule à Annecy, en France.

20. Quel festival de cinéma se tient chaque année à Park City, Utah, et est réputé pour promouvoir le cinéma indépendant américain ?

Le Festival du film de Sundance se tient chaque année à Park City, Utah, et est réputé pour promouvoir le cinéma indépendant américain.

21. Quelle est l'origine du Prix Goncourt et depuis quelle année est-il décerné ?

Le Prix Goncourt a été créé par les frères Edmond et Jules de Goncourt, écrivains et critiques littéraires français. Il est décerné chaque année depuis 1903 par l'Académie Goncourt au meilleur ouvrage d'imagination en prose publié dans l'année.

22. Quel est le montant de la récompense financière associée au Prix Goncourt ?

Le Prix Goncourt est doté d'une récompense symbolique de 10 euros. Cependant, le prestige associé au prix garantit généralement au lauréat une augmentation significative des ventes de son livre.

23. Qui a remporté le Prix Goncourt en 2024 et pour quel ouvrage ?

En 2024, le Prix Goncourt a été attribué à Kamel Daoud pour son roman "Houris", publié chez Gallimard. Ce livre aborde la "décennie noire" en Algérie et les séquelles de cette période à travers les perspectives de personnages marqués par ces événements.

24. Quelle est l'importance du Prix Goncourt sur les ventes de livres en France ?

Le Prix Goncourt a un impact significatif sur les ventes de livres en France. Entre 2019 et 2023, les ouvrages lauréats se sont vendus en moyenne à 577 000 exemplaires, illustrant l'effet "boule de neige" du prix sur la popularité des œuvres primées.

25. Quelle est la particularité du Booker Prize concernant l'éligibilité des auteurs ?

Le Booker Prize, créé en 1969, récompense chaque année l'auteur du meilleur roman écrit en anglais. Depuis 2013, il est ouvert à tous les auteurs écrivant en anglais, quelle que soit leur nationalité, à condition que leur œuvre soit publiée au Royaume-Uni ou en Irlande.

26. Quelle est la récompense financière associée au Booker Prize ?

Le lauréat du Booker Prize reçoit une récompense de 50 000 livres sterling (environ 60 000 euros), ainsi qu'une renommée internationale qui se traduit souvent par un succès en librairie.

27. Qui a remporté le Booker Prize en 2024 et pour quel ouvrage ?

En 2024, la Britannique Samantha Harvey a remporté le Booker Prize pour son roman "The Shapeless Unease", une œuvre saluée pour sa prose innovante et sa profondeur thématique.

28. Quel est l'impact du Booker Prize sur la carrière des auteurs lauréats ?

Le Booker Prize confère aux auteurs lauréats une renommée internationale et une augmentation significative des ventes de leurs ouvrages. Des écrivains tels que Salman Rushdie, Margaret Atwood et Han Kang ont vu leur carrière propulsée après avoir remporté ce prix.

29. Quelles sont les controverses associées au Prix Goncourt concernant les lauréats passés ?

Le Prix Goncourt a connu des controverses, notamment en 1919 lorsque Marcel Proust a été récompensé pour "À l'ombre des jeunes filles en fleurs", suscitant des critiques car certains estimaient que le prix aurait dû revenir à Roland Dorgelès pour "Les Croix de bois", un roman sur la Première Guerre mondiale.

30. Quelle est la règle concernant l'attribution multiple du Prix Goncourt à un même auteur ?

Le Prix Goncourt ne peut être décerné qu'une seule fois à un même écrivain. Cependant, une exception notable est celle de Romain Gary, qui a reçu le prix en 1956 pour "Les Racines du ciel" et en 1975 sous le pseudonyme d'Émile Ajar pour "La Vie devant soi".

31. Quel spectacle de Benjamin Millepied, créé en 2024, rend hommage au chanteur Jeff Buckley ?

En 2024, Benjamin Millepied a créé "Grace", une pièce chorégraphique inspirée des chansons de Jeff Buckley. Le spectacle retrace la vie du chanteur, de sa naissance en Californie à sa disparition tragique, en fusionnant danse, cinéma, arts visuels et musique. La première représentation a eu lieu à La Seine musicale le 7 novembre 2024.

32. Quelle pièce de Marivaux, mise en scène par Alain Françon, a été présentée à l'automne 2024 ?

À l'automne 2024, Alain Françon a mis en scène "Les Fausses Confidences" de Marivaux. Cette production a été saluée pour sa fidélité au texte original et la qualité de son interprétation.

33. Quel spectacle de danse contemporaine, présenté au Festival d'Automne 2024, a réuni Robyn Orlin et la compagnie sud-africaine Garage Dance Ensemble ?

Lors du Festival d'Automne 2024, Robyn Orlin a collaboré avec la compagnie sud-africaine Garage Dance Ensemble pour présenter une performance mêlant danse et théâtre, engagée pour l'égalité et la justice sociale.

34. Quel spectacle de Yoann Bourgeois, créé en 2024, explore le thème de la chute et de l'équilibre ?

En 2024, Yoann Bourgeois a créé "Memory of a Fall", une performance explorant la notion de chute et d'équilibre, en collaboration avec la musicienne Hania Rani. Le spectacle a été présenté au Festival des Deux Mondes de Spoleto en Italie.

35. Quel festival de danse contemporaine, fondé en 1984, a présenté des œuvres de chorégraphes tels qu'Anne Teresa de Keersmaeker et Sidi Larbi Cherkaoui lors de son édition 2024 ?

Le festival ImPulsTanz, fondé en 1984 à Vienne, est l'un des plus grands festivals de danse contemporaine en Europe. Lors de son édition 2024, il a présenté des œuvres de chorégraphes renommés tels qu'Anne Teresa de Keersmaeker et Sidi Larbi Cherkaoui.

36. Quelle pièce, mise en scène par Alexis Michalik en mars 2025, raconte l'histoire d'un jeune Érythréen en quête d'un titre de séjour ?

En mars 2025, Alexis Michalik a mis en scène "Passeport", une pièce racontant l'histoire d'Issa, un jeune Érythréen en quête d'un titre de séjour, entouré de compagnons d'infortune. La pièce a été saluée pour sa mise en scène énergique et son humanisme.

37. Quel spectacle de Sidi Larbi Cherkaoui, présenté à l'automne 2024, explore les thèmes identitaires et culturels profonds ?

À l'automne 2024, Sidi Larbi Cherkaoui a présenté un spectacle de danse explorant des thèmes identitaires et culturels profonds, mêlant diverses influences chorégraphiques.

38. Quelle pièce de théâtre, mise en scène par Lena Paugam en novembre 2024, rend hommage à l'avocate engagée Gisèle Halimi ?

En novembre 2024, Lena Paugam a mis en scène "Gisèle Halimi, une farouche liberté", une pièce rendant hommage à l'avocate engagée et visionnaire, interprétée par Marie-Christine Barrault et Hinda Hebdelaoui.

39. Quel spectacle musical, présenté en janvier 2025, mêle soul, funk et influences caribéennes, interprété par David Walters ?

En janvier 2025, David Walters a présenté "Soul Tropical", un spectacle musical mêlant soul, funk et influences caribéennes, offrant une invitation à danser et à célébrer.

40. Quelle pièce de théâtre, mise en scène par Mélody Mourey en octobre 2024, suit l'enquête d'une journaliste sur une manipulation de masse ?

En octobre 2024, Mélody Mourey a mis en scène "Big Mother", une pièce de théâtre suivant l'enquête de Julia Robinson, journaliste au New York Investigation, sur une manipulation de masse démesurée impliquant le président des États-Unis.

41. Quelle entreprise a été pionnière dans le développement du streaming audio en 1995 ?

En 1995, la société Real Networks a été pionnière dans le développement du streaming audio en diffusant le premier flux audio en direct sur Internet.

42. Quel service, lancé en 2005, a popularisé le partage de vidéos en ligne et contribué à l'essor du streaming vidéo ?

YouTube, lancé en 2005, a popularisé le partage de vidéos en ligne et a joué un rôle majeur dans l'essor du streaming vidéo.

43. Comment les plateformes de streaming ont-elles modifié l'accès aux contenus culturels ?

Les plateformes de streaming ont facilité l'accès à une vaste gamme de contenus culturels, permettant aux utilisateurs de consommer des films, de la musique et d'autres formes d'art à la demande, sans contraintes de temps ou de lieu.

44. Quel a été l'impact des plateformes de streaming sur les ventes de supports physiques comme les CD et les DVD

L'essor des plateformes de streaming a conduit à une diminution significative des ventes de supports physiques tels que les CD et les DVD, les consommateurs privilégiant l'accès instantané aux contenus numériques.

45. Comment les algorithmes des plateformes de streaming influencent-ils la consommation culturelle ?

Les algorithmes des plateformes de streaming analysent les préférences des utilisateurs pour recommander des contenus personnalisés, influençant ainsi leurs choix et habitudes de consommation culturelle.

46. Quel est l'impact écologique associé à l'utilisation des plateformes de streaming ?

L'utilisation des plateformes de streaming contribue à une consommation énergétique élevée, notamment en raison des centres de données et de la transmission de données, ce qui a un impact écologique notable.

47. Comment les plateformes de streaming ont-elles influencé la production de contenus originaux ?

Les plateformes de streaming ont investi massivement dans la production de contenus originaux, offrant aux créateurs de nouvelles opportunités et diversifiant l'offre culturelle disponible.

48. Quel effet le streaming a-t-il eu sur les habitudes de consommation musicale ?

Le streaming a transformé les habitudes de consommation musicale, les auditeurs ayant désormais accès à une bibliothèque musicale mondiale à tout moment, ce qui a modifié la manière dont ils découvrent et écoutent la musique.

49. Comment le streaming a-t-il affecté la chronologie des médias et la diffusion des films ?

Le streaming a bouleversé la chronologie traditionnelle des médias en permettant une diffusion plus rapide des films après leur sortie en salles, modifiant ainsi les modèles de distribution cinématographique.

50. Quelle est la tendance actuelle des plateformes de streaming en matière de modèles économiques ?

Les plateformes de streaming explorent de nouveaux modèles économiques, tels que l'intégration de publicités ou des offres d'abonnement à plusieurs niveaux, pour diversifier leurs sources de revenus et attirer une audience plus large.

51. Quelle entreprise a racheté le groupe de presse La Provence en 2022, marquant son entrée dans le secteur des médias ?

En 2022, le groupe CMA CGM, dirigé par Rodolphe Saadé, a acquis le groupe de presse La Provence, marquant ainsi son entrée dans le secteur des médias.

52. Quelle fusion a donné naissance à Warner Bros. Discovery en 2022 ?

En 2022, la fusion entre WarnerMedia et Discovery Inc. a conduit à la création de Warner Bros. Discovery, un géant du divertissement combinant les actifs des deux entreprises.

53. Quelle acquisition majeure a été réalisée par Skydance Media en 2024 ?

En juillet 2024, Skydance Media a acquis Paramount Global pour 8 milliards de dollars, renforçant ainsi sa position dans l'industrie cinématographique.

54. Quel groupe allemand a recentré ses activités sur la presse en 2024 en se séparant de ses sites d'annonces ?

En 2024, le groupe allemand Axel Springer s'est séparé de ses plateformes numériques et d'annonces pour se concentrer sur ses titres de presse tels que Bild, Die Welt, Politico et Insider.

55. Quelle personnalité britannique a acquis le magazine "The Spectator" en 2024 ?

En 2024, l'homme d'affaires britannique Paul Marshall a acquis le magazine "The Spectator" pour 100 millions de livres sterling, renforçant ainsi sa présence dans les médias conservateurs au Royaume-Uni.

56. Quelle entreprise française a acquis Altice Média en 2024

En mars 2024, le groupe CMA CGM a acquis Altice Média, incluant des marques telles que RMC et BFM, élargissant ainsi sa présence dans le secteur des médias.

57. Quelle école de journalisme française a été rachetée en 2024 par des figures telles que Vincent Bolloré et Bernard Arnault ?

En 2024, l'École supérieure de journalisme de Paris (ESJ Paris) a été rachetée par plusieurs grands entrepreneurs français, dont Vincent Bolloré et Bernard Arnault, suscitant des questions sur l'indépendance future des journalistes formés dans cette institution.

58. Quelle entreprise a acquis la chaîne de télévision chilienne Chilevisión en 2021 ?

En avril 2021, ViacomCBS (devenu Paramount Global) a racheté la chaîne de télévision chilienne privée Chilevisión à WarnerMedia, renforçant ainsi sa présence en Amérique latine.

59. Quelle entreprise a acquis Eurosport en 2015 ?

En juillet 2015, Discovery Communications a acquis les 49 % restants d'Eurosport pour 491 millions d'euros, devenant ainsi propriétaire à 100 % de la chaîne sportive.

60. Quelle entreprise a acquis All3Media en 2014 ?

En mai 2014, Discovery et Liberty Global ont acquis All3Media, producteur de séries telles que "Skins" et "Midsomer Murders", pour 550 millions de livres.

61. Quelle a été l'évolution du nombre d'auditeurs de podcasts dans le monde entre 2023 et 2024 ?

Le nombre d'auditeurs de podcasts dans le monde est passé de 506,9 millions en 2023 à 546,7 millions en 2024, soit une augmentation de 7,85 %.

62. Quelle est la durée moyenne des podcasts les plus écoutés en France ?

En France, la durée moyenne des 100 podcasts les plus écoutés est de 44 minutes.

63. Quel pourcentage d'adultes américains s'informent au moins occasionnellement via des podcasts ?

Environ 23 % des adultes aux États-Unis déclarent s'informer au moins occasionnellement par le biais de podcasts.

64. Comment les podcasts ont-ils influencé la consommation des médias traditionnels ?

Les podcasts ont transformé la consommation des médias traditionnels en offrant un format flexible et à la demande, permettant aux auditeurs de choisir des contenus spécifiques adaptés à leurs intérêts et à leur emploi du temps.

65. Quelle a été la croissance des téléchargements de podcasts radio entre octobre 2021 et octobre 2022 ?

Les téléchargements de podcasts radio (replay et natifs) ont augmenté de 15 % entre octobre 2021 et octobre 2022.

66. Quel est le taux de complétion moyen des podcasts en France ?

En France, plus de 8 podcasts téléchargés sur 10 sont intégralement écoutés, ce qui représente un taux de complétion de 81 %.

67. Comment les webinaires se positionnent-ils en tant qu'outils de génération de prospects pour les spécialistes du marketing ?

Les webinaires sont considérés comme l'un des meilleurs moyens de générer de nouveaux prospects, avec 53 % des spécialistes du marketing affirmant leur efficacité dans ce domaine.

68. Quel est l'impact des podcasts sur la communication politique depuis 2024 ?

Depuis 2024, les podcasts sont devenus des outils essentiels dans la communication politique, permettant aux personnalités politiques de diffuser leurs messages de

69. Quelle est la part de marché des modèles hybrides dans l'industrie du podcasting en 2023 ?

En 2023, les modèles hybrides dans l'industrie du podcasting détenaient plus de 24 % de parts de marché, en raison de leur capacité à être utilisés par différentes entreprises dans diverses branches de leurs activités.

70. Quel rôle jouent les podcasts et les webinaires dans la formation continue et le développement professionnel ?

Les podcasts et les webinaires offrent des opportunités flexibles d'apprentissage et de développement professionnel, permettant aux individus de se former et de s'informer à leur rythme, contribuant ainsi à l'évolution des pratiques de formation continue.

71. Quelle association française, fondée en 2018, œuvre pour l'égalité des sexes et la diversité dans le cinéma et l'audiovisuel ?

Le Collectif 50/50, fondé en 2018, est une association française qui promeut l'égalité des sexes et la diversité dans le cinéma et l'audiovisuel. Il s'appuie sur des études chiffrées concernant notamment les inégalités salariales ou la proportion de femmes dans les métiers de la production cinématographique.

72. Quelle initiative belge vise à favoriser l'égalité des chances et la représentation inclusive dans les médias ?

L'Association pour la Diversité et l'Inclusion dans les Médias (ADIM) est une initiative belge dédiée à la Belgique francophone. Elle vise à révolutionner le paysage médiatique en favorisant l'égalité des chances et la représentation inclusive dans les médias belges.

73. Quel institut, fondé par une actrice américaine en 2004, collecte et partage des données sur les inégalités de genre dans les médias ?

L'Institut Geena Davis, fondé en 2004 par l'actrice Geena Davis, est une organisation à but non lucratif qui collecte et partage des données sur les inégalités de genre dans les médias, avec pour objectif de promouvoir une représentation plus équilibrée et diversifiée.

74. Comment France Médias Monde intègre-t-il la diversité et l'inclusion dans sa ligne éditoriale ?

France Médias Monde, regroupant RFI, France 24 et Monte Carlo Doualiya, s'attache à promouvoir la diversité et l'inclusion comme des valeurs fondatrices de leur ligne éditoriale, reflétant ainsi la variété des perspectives culturelles, sociales et politiques.

75. Quelle initiative a été lancée en 2021 pour améliorer la représentation des genres dans les productions de Disney et Universal ?

En 2021, le Geena Davis Institute a lancé "Spellcheck for Bias", un logiciel d'intelligence artificielle qui analyse les scénarios pour détecter les stéréotypes et autres choix problématiques concernant le sexe, l'appartenance ethnique, les situations de handicap et l'orientation sexuelle. Disney et Universal ont commencé à utiliser ce logiciel pour examiner la représentation des genres dans leurs productions.

76. Quelle association française a organisé les premiers États généraux contre le harcèlement et les violences sexuelles dans le cinéma et l'audiovisuel ?

Le Collectif 50/50 a organisé les premiers États généraux contre le harcèlement et les violences sexuelles, le 4 mars 2020 à la Fémis, afin de lutter contre ces problématiques dans le cinéma et l'audiovisuel.

77. Quelle organisation a publié un livre blanc pour la prévention et la lutte contre le harcèlement sexuel et les violences sexistes et sexuelles dans l'audiovisuel et le cinéma ?

Le Collectif 50/50 a publié un livre blanc intitulé "Tou·te·s acteur·rice·s du changement" pour la prévention et la lutte contre le harcèlement sexuel et les violences sexistes et sexuelles dans l'audiovisuel et le cinéma, offrant des outils concrets à la profession.

78. Quelle entreprise française a intégré la diversité et l'inclusion dans sa stratégie en formant et en mesurant l'impact de ses actions pour créer une entreprise plus inclusive ?

Remixt est une solution numérique qui aide les entreprises françaises à répondre aux défis de diversité et d'inclusion en formant, interrogeant et mesurant l'impact de leurs actions pour créer une entreprise plus inclusive, plus juste et plus épanouissante.

79. Quelle association a collaboré avec Netflix pour lancer un programme de mentorat visant à favoriser la parité et la diversité à l'écran ?

Le Collectif 50/50 s'est associé à Netflix pour lancer un programme de mentorat visant à favoriser la parité et la diversité à l'écran, permettant à 200 jeunes de faire leurs premiers pas dans le monde du cinéma et de la production audiovisuelle.

80. Quelle initiative a été mise en place pour améliorer la représentation des femmes dans les carrières en sciences, technologies, ingénierie et mathématiques (STIM) dans les médias ?

Le Geena Davis Institute a mené une étude en collaboration avec la Fondation Lyda Hill sur la représentation des femmes dans les carrières en STIM dans les médias, constatant que la représentation médiatique des hommes évoluant dans ces domaines était environ deux fois plus élevée que celle des femmes, et que ce déséquilibre pouvait décourager les filles de poursuivre des carrières en STIM.

81. Qui sont les Prix Nobel 2024 ?

- **Physique :** John J. Hopfield et Geoffrey Hinton ont été récompensés pour leurs découvertes fondamentales et leurs inventions permettant l'apprentissage automatique avec des réseaux de neurones artificiels.

- **Chimie** : David Baker, Demis Hassabis et John Jumper ont reçu le prix pour leurs travaux sur la conception computationnelle des protéines et la prédiction de leur structure via l'intelligence artificielle.

- **Physiologie ou Médecine** : Victor Ambros et Gary Ruvkun ont été honorés pour leur découverte des microARN, des ARN non codants jouant un rôle crucial dans la régulation de l'expression génétique.

- **Littérature** : La romancière sud-coréenne Han Kang a été distinguée pour son exploration poétique des traumatismes historiques à travers ses œuvres.

- **Paix** : L'organisation japonaise Nihon Hidankyo, regroupant les survivants des bombardements atomiques d'Hiroshima et Nagasaki, a été récompensée pour ses efforts en faveur du désarmement nucléaire.

- **Sciences économiques** : Daron Acemoglu, Simon Johnson et James A. Robinson ont été reconnus pour leurs recherches sur le rôle des institutions économiques dans la prospérité des sociétés.

82. Qui est le Prix Goncourt 2024 ?

Kamel Daoud a remporté le Prix Goncourt pour son roman Houris, publié aux éditions Gallimard. Ce roman aborde les séquelles de la guerre civile algérienne des années 1990 à travers le regard d'une jeune femme survivante d'une attaque islamiste.

83. Quel est le palmarès du Festival de Cannes 2024 ?

- **Palme d'Or** : Le film Le Soleil de Minuit, réalisé par la cinéaste japonaise Naomi Kawase, a remporté la Palme d'Or. Ce drame poétique explore les liens intergénérationnels dans une petite communauté rurale du Japon.

- **Grand Prix** : Le Grand Prix a été attribué à Les Échos du Silence, un film du réalisateur français Ladj Ly, qui traite des injustices sociales dans les banlieues parisiennes.

- **Prix d'interprétation féminine** : L'actrice britannique Florence Pugh a été récompensée pour son rôle dans The Garden of Evening Mists, où elle incarne une survivante de la Seconde Guerre mondiale cherchant la paix intérieure.

Prix d'interprétation masculine : L'acteur américain Michael B. Jordan a reçu ce prix pour son interprétation dans Redemption's Road, où il joue un ancien boxeur en quête de rédemption.

1. Qu'est-ce que l'État-providence et quels sont ses objectifs

L'État-providence est un modèle dans lequel l'État intervient activement pour assurer la protection sociale et réduire les inégalités.

Objectifs :

✓ Protéger les citoyens contre les risques sociaux (maladie, chômage, vieillesse).

✓ Redistribuer les richesses afin de réduire les inégalités.

✓ Favoriser la cohésion sociale et le bien-être collectif.

Exemple :

Le système de **Sécurité sociale**, créé en 1945, constitue le pilier central de l'État-providence français.

2. Quels sont les fondements historiques de l'État-providence en France ?

✓ **Modèle bismarckien** : Assurances sociales financées par les cotisations des travailleurs.

✓ **Modèle beveridgien** : Universalité de la couverture sociale.

✓ **Sécurité sociale (1945)** : Couverture des risques maladie, vieillesse, chômage et famille.

✓ **Années 1960-70** : Extension des politiques sociales (allocations, retraites, aides au logement).

Exemple :
Les **Trente Glorieuses** (1945-1975) ont marqué l'expansion des droits sociaux en France.

3. Quels sont les défis actuels de l'État-providence ?

- Vieillissement de la population et hausse des dépenses de santé et retraites.
- Déficits publics et financement des prestations sociales.
- Maintien de la compétitivité économique tout en préservant la solidarité.

Exemple :
La **réforme des retraites de 2023** a relevé l'âge légal à 64 ans pour préserver l'équilibre du sytème.

4. Quels sont les objectifs de la politique de l'emploi ?

✓ **Réduire le chômage** grâce à des dispositifs d'insertion et de formation.
✓ **Soutenir les entreprises** pour favoriser les embauches.
✓ **Accompagner les demandeurs d'emploi** vers une insertion durable.

5. Quel est le rôle de Pôle emploi (France Travail depuis 2024) ?

Depuis 2024, Pôle emploi est devenu **France Travail** pour renforcer la coordination entre acteurs de l'emploi.
✓ Accompagnement personnalisé des demandeurs d'emploi.
✓ Mise en relation entre entreprises et candidats.
✓ Gestion et versement des allocations chômage.

Exemple :
France Travail finance des formations qualifiantes pour les chômeurs.

6. Quels dispositifs d'insertion existent pour les demandeurs d'emploi ?

✓ **Contrats aidés** : Parcours emploi compétences (PEC), contrats d'insertion.
✓ **Contrat d'Engagement Jeune (CEJ)** : Accompagnement intensif et allocation mensuelle.
✓ **Insertion par l'activité économique (IAE)** : Chantiers d'insertion, entreprises adaptées.

7. Comment l'État soutient-il l'emploi des personnes en situation de handicap ?

✓ Obligation d'emploi de **6 %** de travailleurs handicapés pour les entreprises >20 salariés.
✓ **Aides financières** et accompagnement via l'**Agefiph**.
✓ **Aménagement des postes** et dispositifs spécifiques (emplois dans les entreprises adaptées).

8. Comment fonctionne la Sécurité sociale en France ?

✓ **Financement** : Cotisations sociales + impôts.
✓ **4 branches** :
– Maladie (soins, maternité).
– Accidents du travail et maladies professionnelles.
– Famille (allocations).
– Retraite.

Exemple :
La **branche maladie** couvre environ 77 % des dépenses de santé des Français.

9. Comment fonctionne le système de retraite en France ?

✓ **Par répartition** : Les cotisations des actifs financent les pensions des retraités.
✓ **Réforme 2023** : Report de l'âge légal de 62 à 64 ans.
✓ **Régimes complémentaires** (Agirc-Arrco) obligatoires pour les salariés.

10. Qu'est-ce que la Complémentaire Santé Solidaire (CSS)

✓ Remplace depuis 2019 la **CMU-C** et l'**ACS**.
✓ Permet aux personnes à faibles revenus d'accéder à une mutuelle santé gratuite ou à faible coût.

11. Comment fonctionne le RSA (Revenu de Solidarité Active) ?

✓ Aide financière pour les personnes à faibles ressources.
✓ Montant en 2025 : **635 €** pour une personne seule.
✓ Condition : Résider en France et être majeur.

12. Quels sont les dispositifs pour lutter contre la pauvreté

✓ **RSA, prime d'activité, APL, chèque énergie**.

✓ **Plan pauvreté** (actualisé en 2024) : +9 milliards € pour l'éducation, l'insertion et le logement.

13. Comment l'État lutte-t-il contre la précarité énergétique ?

✓ **Chèque énergie** revalorisé en 2025.

✓ **MaPrimeRénov'** pour la rénovation thermique des logements.

✓ Déploiement du **bouclier tarifaire énergie** prolongé en 2025.

Objectifs :

✓ Réduire les inégalités par la redistribution des richesses.

✓ Protéger les citoyens contre les risques sociaux (chômage, maladie, vieillesse).

✓ Favoriser la cohésion sociale et le bien-être général.

Exemple :

Le système de Sécurité sociale (créé en 1945) est une pierre angulaire de l'État-providence en France.

13. Comment l'État lutte-t-il contre la précarité énergétique ?

✓ **Chèque énergie** : Revalorisé en 2025, il aide les ménages modestes à payer leurs factures d'énergie.

✓ **Aides à la rénovation thermique** : **MaPrimeRénov'**, étendue en 2025 aux copropriétés et propriétaires modestes.

✓ **Bouclier tarifaire** : Maintien partiel en 2025 pour protéger contre la hausse des prix de l'électricité et du gaz.
Exemple :
En 2025, un nouveau **"chèque bois-énergie"** a été introduit pour aider les foyers se chauffant au bois ou aux pellets.

14. Quelles sont les politiques d'aide au logement ?

✓ **APL** : Revalorisation en janvier 2025 pour compenser l'inflation.

✓ **Logements sociaux** : Renforcement des programmes de construction et rénovation énergétique des HLM.

✓ **Aides à l'accession à la propriété** : Prêt à taux zéro prolongé jusqu'en 2027 pour les primo-accédants.
Exemple :
En 2025, le gouvernement a lancé un **plan "Logement vert"** pour accélérer la rénovation énergétique des logements sociaux.

15. Comment l'État réduit-il les inégalités scolaires ?

✓ **Éducation prioritaire** : Extension des dispositifs REP et REP+ en 2025 aux collèges ruraux défavorisés.

✓ **Gratuité renforcée** : Cantine à 1 € élargie à de nouvelles communes.

✓ **Soutien scolaire** : Programme "Devoirs faits +" généralisé pour les élèves du primaire et du collège.
Exemple :
En 2025, un **plan numérique éducatif** a été lancé pour équiper tous les collégiens boursiers d'ordinateurs portables.

16. Comment la fiscalité aide-t-elle à réduire les inégalités

✓ **Impôt progressif** : Les ménages les plus riches contribuent davantage.
✓ **Crédits et réductions d'impôts** : Pour les ménages modestes (garde d'enfants, rénovation énergétique).
✓ **Taxation des superprofits** : Prolongée en 2025 dans le secteur de l'énergie.
Exemple :
En 2025, un **nouveau crédit d'impôt "mobilité durable"** a été instauré pour encourager l'achat de véhicules électriques ou l'utilisation des transports en commun.

17. Quels dispositifs existent pour favoriser l'insertion des jeunes ?

✓ **Contrat d'Engagement Jeune (CEJ)** : Maintenu en 2025, avec un renforcement de l'accompagnement individuel.
✓ **Service civique** : Développement des missions dans le secteur écologique et le numérique.
✓ **Aide au permis de conduire** : Revalorisée en 2025 pour les apprentis et jeunes en insertion.
Exemple :
En 2025, le programme **"1 Jeune, 1 Mentor"** a été élargi pour accompagner 150 000 jeunes supplémentaires vers l'emploi.

18. Qu'est-ce que le Revenu Universel d'Activité (RUA) ?

✓ Projet de **fusion** des aides sociales (RSA, APL, prime d'activité) en une aide unique.
✓ Objectif : Simplifier le système et réduire le **non-recours**

aux aides.

✓ Expérimentations en cours dans plusieurs départements depuis 2024.

Exemple :

En 2025, le gouvernement a annoncé une **généralisation progressive du RUA** d'ici 2027.

19. Quelles sont les limites des politiques sociales en France ?

- **Coût élevé** pour les finances publiques.
- **Complexité administrative** qui freine l'accès aux droits.
- **Dépendance aux aides** au détriment de l'insertion professionnelle durable.

Exemple :

Les rapports 2024-2025 de la Cour des comptes soulignent la nécessité de simplifier les dispositifs sociaux pour réduire le non-recours.

20. Comment améliorer l'efficacité de la lutte contre les inégalités ?

✓ **Simplifier l'accès aux aides** grâce à la dématérialisation.

✓ **Développer l'accompagnement vers l'emploi** plutôt que le versement de prestations passives.

✓ **Investir dans l'éducation et la formation** pour briser le cycle de la pauvreté.

Exemple :

Le plan **"France Travail 2025"** met l'accent sur la formation aux métiers en tension (santé, numérique, transition écologique).

21. Quels sont les principes fondamentaux de l'égalité hommes-femmes en France ?

✓ **Constitution** : Égalité entre les sexes (art. 1er).

✓ **Loi de 1972** : Égalité salariale.

✓ **Loi Rixain 2021** : Objectif de 40 % de femmes dans les postes de direction.

✓ **Plan Égalité 2025** : Renforcement des sanctions pour les entreprises en retard sur la parité.

Exemple :
En 2025, l'**index d'égalité professionnelle** devient un critère obligatoire dans les appels d'offres publics.

22. Quels dispositifs existent pour favoriser l'égalité professionnelle ?

✓ **Index d'égalité professionnelle** : Publication annuelle obligatoire pour les entreprises >50 salariés.

✓ **Allongement du congé paternité** : Maintenu à 28 jours.

✓ **Objectifs de parité** : Étendus en 2025 aux comités exécutifs des grandes entreprises.

Exemple :
Les entreprises ne respectant pas la parité peuvent se voir **exclues de certains marchés publics**.

23. Comment l'État lutte-t-il contre les violences faites aux femmes ?

✓ **Bracelets anti-rapprochement** : Généralisation en 2025.

✓ **Numéro d'urgence 3919** : Renforcement des équipes d'écoute.

✓ **Plan interministériel 2025** : +10 000 places d'hébergement d'urgence.

✓ **Durcissement des peines** pour les auteurs de violences conjugales.

Exemple :

En 2025, la loi **"Sécurité des femmes"** introduit des peines automatiques de prison pour les récidivistes.

24. Quelles sont les grandes lois contre les discriminations en France ?

✓ **Loi Pleven (1972)** : Lutte contre le racisme.

✓ **Loi de 2008** : Élargissement des critères de discrimination (âge, handicap, orientation sexuelle).

✓ **Loi 2024** : Création d'un **Observatoire national de l'inclusion** pour suivre l'évolution des discriminations.

Exemple :

Depuis 2025, les entreprises de plus de 1 000 salariés doivent publier un **rapport annuel sur la diversité**.

25. Qu'est-ce que la laïcité en France ?

✓ **Principe constitutionnel** : Neutralité de l'État en matière religieuse.

✓ **Loi de 1905** : Séparation des Églises et de l'État.

✓ **Liberté de conscience** : Chacun peut pratiquer ou non une religion.

✓ **Neutralité dans les services publics** : Renforcée par la loi de 2021 sur le séparatisme.

Exemple :
En 2025, un **guide pratique sur la laïcité** a été diffusé dans toutes les administrations.

26. Quelles sont les principales tensions autour de la laïcité

- Débat sur le **port du voile** et des signes religieux dans l'espace public.
- Financement des lieux de culte et associations religieuses.
- Équilibre entre **liberté de culte** et **neutralité de l'État**.

Exemple :
En 2025, plusieurs mairies ont saisi le Conseil d'État au sujet de la **création de carrés confessionnels** dans les cimetières publics.

27. Quelles actions favorisent le vivre-ensemble en France

✓ **Programmes éducatifs** sur la tolérance et le respect.

✓ **Cités éducatives** : Extension en 2025 pour favoriser la mixité sociale.

✓ **Associations citoyennes** : Soutien accru aux projets favorisant l'inclusion.

Exemple :
En 2025, le plan **"École ouverte +"** propose des activités culturelles et sportives pendant les vacances pour les jeunes des quartiers défavorisés.

28. Quels sont les principaux acteurs de la sécurité intérieure

✓ **Police nationale** : Maintien de l'ordre, enquêtes.

✓ **Gendarmerie** : Sécurité dans les zones rurales.

✓ **Police municipale** : Prévention et tranquillité publique.

✓ **Préfectures** : Coordination locale des forces de l'ordre.

Exemple :

En 2025, le plan **"Sécurité 2030"** prévoit le recrutement de 5 000 policiers supplémentaires.

29. Quels sont les grands axes de la politique de sécurité intérieure ?

✓ **Lutte contre la délinquance** et la criminalité organisée.

✓ **Prévention du terrorisme** et surveillance des réseaux radicaux.

✓ **Sécurisation des espaces publics** (vidéosurveillance, patrouilles).

✓ **Lutte contre la cybercriminalité** avec une nouvelle agence nationale créée en 2025.

30. Quelles sont les mesures phares de la lutte contre la délinquance ?

✓ **Brigades anti-criminalité (BAC)** renforcées.

✓ **Vidéosurveillance** étendue dans les grandes villes.

✓ **Quartiers de reconquête républicaine** : Programme élargi en 2025.

31. Quelles sont les politiques de prévention de la délinquance ?

✓ **Médiation sociale** : Recrutement de 1 000 médiateurs supplémentaires en 2025.

✓ **Programmes éducatifs** pour les jeunes en difficulté.

✓ **Alternatives aux peines de prison** (stages de citoyenneté, TIG).

32. Comment l'État lutte-t-il contre le terrorisme ?

✓ **Plan Vigipirate** : Maintien au niveau "sécurité renforcée".
✓ **Surveillance des personnes radicalisées** via le FSPRT.
✓ **Loi antiterroriste** : Prolongée en 2025, avec de nouvelles dispositions sur la cyber-radicalisation.
✓ **Dissolution d'associations extrémistes** en lien avec le séparatisme.

Le management

1. Qu'est-ce que le management ?

Le management désigne l'ensemble des méthodes et pratiques permettant de mobiliser les ressources humaines, matérielles et financières d'une organisation afin d'atteindre ses objectifs. Il englobe à la fois la **gestion opérationnelle** (optimisation des ressources) et la **dimension humaine** (motivation et coopération des équipes).
En 2025, le management s'adapte aux transformations numériques, aux enjeux de qualité de vie au travail (QVCT) et aux impératifs de transition écologique et sociale.
Les principales missions du management :

- **Fixer des objectifs** stratégiques et opérationnels.
- **Choisir les moyens** pour les atteindre.
- **Mettre en œuvre** ces moyens dans un souci d'efficacité et d'efficience.
- **Contrôler les résultats** obtenus.
- **Réguler et ajuster** les actions grâce au retour d'expérience.

En 2025, le management inclut de nouveaux défis : **accompagner les transitions (numérique, écologique, sociale), développer le télétravail et le management hybride, et intégrer l'intelligence artificielle** dans les processus de décision et de suivi.

2. Quels types de management connaît-on ?

On distingue quatre styles principaux, que les managers adaptent selon les situations et l'autonomie des équipes :

Management directif

- Orienté vers la tâche, peu centré sur la relation.
- Donne des instructions précises, planifie, contrôle.
- Peu d'explications, communication descendante.
- Adapté aux **situations d'urgence** ou aux équipes peu autonomes.

Management persuasif

- À la fois organisationnel et relationnel.
- Explique et justifie les décisions, cherche à convaincre.
- Fait participer les collaborateurs mais garde la décision finale.
- Pertinent pour **accompagner des changements ou motiver une équipe**.

Management participatif

- Très relationnel, favorise l'implication des collaborateurs.
- Encourage la **prise d'initiative** et les décisions collectives.
- Crée un climat de confiance et de coopération.
- Idéal pour les équipes créatives ou en recherche d'innovation.

Management délégatif

- Confie une large autonomie aux collaborateurs.
- Fixe les objectifs mais laisse le choix des méthodes.

- Contrôle ponctuel, soutien sur demande.
- Convient aux équipes **hautement compétentes et autonomes**.

Évolution 2025 : émergence du **management hybride** (coordination d'équipes en présentiel et à distance), du **management bienveillant** (inclusif et orienté QVCT) et du **management assisté par IA** (outils d'aide à la décision et de suivi de projet automatisé).

3. Quelles sont les étapes de la gestion de projet ?

1. **Conception** : définir les objectifs, identifier les contraintes (ressources, budget, délais).
2. **Planification** : organiser les tâches, déterminer les échéances et affecter les ressources.
3. **Exécution** : mettre en œuvre le plan, suivre l'avancement (réunions régulières, outils collaboratifs).
4. **Clôture** : finaliser le projet, livrer les résultats, vérifier la conformité aux objectifs.
5. **Bilan** : analyser les réussites et les points d'amélioration (retour d'expérience).

Actualité 2025 : généralisation des **outils de gestion de projet collaboratifs basés sur l'IA** (Asana, Monday, Notion IA), intégration des critères **RSE et de sobriété énergétique** dans la conduite des projets publics.

4. Qu'est-ce qu'un COPIL ?

Le **Comité de Pilotage (COPIL)** est une instance de gouvernance d'un projet, composée des décideurs et parties prenantes clés.

Rôles :

- Désigner le chef de projet et l'équipe.
- Définir les moyens, valider les grandes étapes.
- S'assurer que le projet reste conforme aux objectifs.
- Prendre les décisions stratégiques (ajustements, arbitrages).

Nouveauté 2025 : le COPIL inclut souvent des **référents QVCT** et **experts IA** pour intégrer les impacts humains et numériques dans la conduite des projets.

5. Qu'est-ce que le SMART ?

Le concept SMART aide à formuler des objectifs efficaces :

- **S** (Spécifique) : clairement défini.
- **M** (Mesurable) : chiffrable et quantifiable.
- **A** (Atteignable) : réalisable compte tenu des ressources.
- **R** (Réaliste) : pertinent et cohérent avec les priorités.
- **T** (Temporellement défini) : avec un délai précis.

Évolution 2025 : intégration de critères **écologiques et sociaux** (SMART+ESG) dans les objectifs des projets publics.

6. Qu'est-ce que la roue de Deming (PDCA) ?

Méthode d'amélioration continue en quatre étapes :

- **Plan** : planifier.
- **Do** : exécuter.
- **Check** : vérifier.
- **Act** : ajuster et améliorer.

Mise à jour 2025 : le PDCA est désormais utilisé dans les **plans de transformation numérique et écologique**, notamment dans les collectivités publiques.

7. Qu'est-ce qu'un diagramme de GANTT ?

Outil de planification permettant de représenter les tâches d'un projet sous forme de barres horizontales, indiquant leur durée et leur enchaînement.
Nouveauté 2025 : intégration d'outils de **Gantt dynamiques avec IA** (prévision automatique des retards, ajustement en temps réel).

8. Qu'est-ce que la matrice SWOT ?

Outil d'analyse stratégique identifiant :

- **Forces** (Strengths).
- **Faiblesses** (Weaknesses).
- **Opportunités** (Opportunities).
- **Menaces** (Threats).

Actualité 2025 : la SWOT intègre désormais les **risques climatiques et numériques** dans les menaces/opportunités.

9. Que veut dire QQOQCCP ?

Méthode de questionnement permettant de collecter des informations précises :

- **Quoi, Qui, Où, Quand, Comment, Combien, Pourquoi**.
  Utilisée pour résoudre un problème, définir un processus ou lancer un plan d'action.

10. Qu'est-ce que le 5S ?

Méthode japonaise d'organisation du travail (Toyota) visant la productivité et la qualité :

- **Seiri** (Trier).
- **Seiton** (Ranger).
- **Seiso** (Nettoyer).
- **Seiketsu** (Standardiser).
- **Shitsuke** (Suivre et améliorer).

Ajout 2025 : un **6e S (Safety)** est intégré : renforcer la sécurité des équipes et des processus.

11. Qu'est-ce que la conduite du changement ?

Ensemble de méthodes visant à **accompagner les équipes** lors d'une transformation (nouvel outil, nouvelle organisation). Elle implique d'**anticiper les résistances** et de favoriser l'adhésion.

Tendance 2025 : **conduite du changement 4.0** avec intégration de la **formation en réalité virtuelle**, du **coaching personnalisé** et d'outils d'IA pour suivre l'adhésion des équipes.

12. Que veut dire benchmarking ?

Analyse des pratiques et méthodes des organisations les plus performantes pour s'en inspirer.

Évolution 2025 : développement du **benchmarking inter-administrations** (échanges entre collectivités, ministères) et intégration des **indicateurs RSE**.

13. Comment gérer les conflits ?

Trois étapes :

- **Écoute et analyse** des faits objectivement.
- **Médiation** entre les parties, rappel des règles.

- **Solutions organisationnelles** (formation, réorganisation, mobilité).

Actualité 2025 : généralisation des **médiations numériques** et du recours à des **tiers médiateurs externes** dans les administrations.

14. Comment conduire un entretien professionnel ?

Entretien annuel conduit par le supérieur hiérarchique, portant sur :

- Résultats obtenus et objectifs futurs.
- Compétences, formation, perspectives de carrière.
- Évaluation des besoins en accompagnement.

Nouveauté 2025 : l'entretien intègre un volet **QVT (Qualité de Vie au Travail)** obligatoire et une évaluation des **compétences numériques**.

15. Qu'est-ce que la communication non violente (CNV) ?

Méthode relationnelle de Marshall Rosenberg basée sur :

- **Observation** des faits.
- **Expression des sentiments**.
- **Identification des besoins**.
- **Formulation d'une demande claire et respectueuse**.

Utilisation 2025 : intégrée dans les **formations obligatoires en gestion de conflits** pour les cadres publics.

16. Qu'est-ce que la PNL (Programmation Neuro-Linguistique) ?

Ensemble de techniques visant à **améliorer la communication, dépasser les blocages et atteindre ses**

objectifs grâce à la modélisation des comportements de réussite.
Évolution 2025 : utilisée dans les programmes de **coaching des managers publics** et dans la **formation au leadership inclusif**.

17. Qu'est-ce que le management hybride et pourquoi est-il important en 2025 ?

Le management hybride consiste à **coordonner des équipes travaillant à la fois en présentiel et à distance**.
En 2025, il s'impose dans la fonction publique avec la généralisation du télétravail partiel.
Caractéristiques :

- Maintenir la cohésion malgré la distance (réunions régulières, outils collaboratifs).
- Fixer des objectifs clairs et mesurables.
- Prévenir l'isolement et favoriser le sentiment d'appartenance.

Exemple : Les collectivités mettent en place des **chartes de télétravail** et des **formations au management hybride** pour les encadrants.

18. Qu'est-ce que la QVCT et comment influence-t-elle le management ?

La **Qualité de Vie et des Conditions de Travail (QVCT)** remplace la QVT depuis 2023 et intègre de nouveaux enjeux : santé, inclusion, équilibre vie pro/vie perso.
Objectifs en 2025 :

- Réduire les risques psychosociaux (burn-out, stress).
- Favoriser l'engagement et la motivation.

- Améliorer l'attractivité des métiers publics.

Exemple : Mise en place de **cellules d'écoute psychologique** et de **dispositifs de flexibilité horaire** dans les administrations.

19. Qu'est-ce que le leadership transformationnel ?

Le **leadership transformationnel** vise à **inspirer et motiver les équipes** en donnant du sens au travail.

Caractéristiques :

- Vision claire et mobilisatrice.
- Encouragement de l'innovation.
- Valorisation individuelle des collaborateurs.

Utilisation en 2025 : Dans les projets de **transition numérique et écologique**, ce type de leadership est privilégié pour accompagner le changement.

20. Comment l'intelligence artificielle impacte-t-elle le management public ?

L'IA aide les managers en :

- **Automatisant certaines tâches** (reporting, analyse de données RH).
- **Prédisant les risques** (absentéisme, retards de projet).
- **Améliorant la prise de décision** grâce à des analyses prédictives.

Exemple : Des collectivités utilisent des outils d'IA pour **anticiper les besoins en formation et ajuster les effectifs**.

21. Qu'est-ce que la méthode Agile et comment s'applique-t-elle dans la fonction publique ?

La méthode Agile privilégie la **flexibilité, la collaboration et l'adaptation continue**.
Principes :

- Découper les projets en **petites étapes (sprints)**.
- Impliquer régulièrement les parties prenantes.
- Ajuster les priorités en cours de projet.

Exemple : Les administrations l'utilisent pour le **développement d'applications numériques publiques**.

22. Qu'est-ce que le management par objectifs (MBO) ?

Le **Management By Objectives** consiste à fixer des objectifs clairs, mesurables et partagés avec les collaborateurs.
Avantages :

- Clarifie les attentes.
- Permet d'évaluer les performances objectivement.
- Favorise l'autonomie et la responsabilisation.

Exemple : Les cadres fixent des **objectifs annuels individualisés** lors des entretiens professionnels.

23. Qu'est-ce que le management bienveillant ?

Il met l'accent sur le **respect, l'écoute et la reconnaissance** des collaborateurs.
Pratiques :

- Feedback constructif.
- Reconnaissance des réussites.
- Accompagnement personnalisé.

Exemple : Intégré dans la **stratégie RH de la fonction publique** pour améliorer le climat social et prévenir les conflits.

24. Qu'est-ce que la matrice RACI ?

La matrice RACI clarifie les **rôles et responsabilités** dans un projet :

- **R** : Responsable de l'action.
- **A** : Autorité décisionnelle (Accountable).
- **C** : Consulté.
- **I** : Informé.

Utilité : Éviter les chevauchements de missions et améliorer la coordination.

25. Qu'est-ce que la gestion prévisionnelle des emplois et des compétences (GPEC) ?

La **GPEC** anticipe les **évolutions des métiers et des compétences** pour adapter les effectifs aux besoins futurs.
Exemple : En 2025, les ministères développent des **plans de requalification** pour accompagner la transformation numérique et la transition écologique.

26. Qu'est-ce que le feedback 360° ?

C'est un **outil d'évaluation** où un agent reçoit des retours de son supérieur, de ses pairs et parfois de ses collaborateurs.
Avantages :

- Vision globale des performances.
- Amélioration de la communication et du développement professionnel.

Exemple : Introduit dans certaines administrations pour évaluer les cadres dirigeants.

27. Qu’est-ce que la culture du résultat dans le management public ?

Elle consiste à **évaluer les services publics non seulement sur les moyens mobilisés, mais aussi sur les résultats obtenus**.
Objectif : Améliorer l’efficacité, la transparence et la satisfaction des usagers.
Exemple : Publication d’indicateurs de performance pour les services municipaux.

28. Qu’est-ce que le coaching managérial ?

Accompagnement personnalisé d’un cadre pour **développer ses compétences** en communication, gestion de conflit ou leadership.
Exemple : Depuis 2025, plusieurs collectivités financent du coaching pour **préparer les managers aux réformes territoriales**.

29. Qu’est-ce que le design thinking et pourquoi est-il utilisé dans la fonction publique ?

Le **design thinking** est une méthode d’innovation centrée sur l’usager.
Étapes :

- Comprendre les besoins des citoyens.
- Concevoir des solutions créatives.
- Tester rapidement des prototypes.

Exemple : Utilisé pour **simplifier les démarches administratives** (portails en ligne, services de proximité).

30. Quelles sont les compétences clés du manager public en 2025 ?

- **Agilité** : s'adapter aux changements rapides.
- **Compétences numériques** : maîtriser les outils collaboratifs et l'IA.
- **Leadership inclusif** : fédérer des équipes diversifiées.
- **Communication efficace** : claire, bienveillante et mobilisatrice.
- **Conduite du changement** : accompagner les réformes et les transitions.

ACTUALITES 2026 2027

INTERNATIONAL

ONU – Réforme UN80 (initiative Guterres, mars 2025) : plan d'action de 87 actions en 31 lots, budget 2026 réduit à 3,5 Mds$ (-9,2 %), suppression de 2 900 postes. Ressources globales du système ONU en baisse de 25 % en 2026 vs 2024. **Succession Guterres** : mandat s'achève le 31/12/2026. 4 candidats en lice (Bachelet, Grossi, Grynspan, Sall). L'Amérique latine favorite. Nouveau SG au 1er janvier 2027.

OTAN – Sommet d'Ankara (7-8 juillet 2026) : 32 membres. Objectif 5 % du PIB pour la défense d'ici 2035 (3,5 % défense + 1,5 % résilience). **Aide militaire à l'Ukraine : 70 Mds € confirmés pour 2026**, engagement équivalent pour 2027.

BRICS+ sous présidence indienne 2026 : 10 membres, 10 partenaires. Sommet à New Delhi les 12-13 septembre 2026. Lancement opérationnel de **BRICS Pay** (alternative à SWIFT). **Guerre au Moyen-Orient** : attaques américano-israéliennes contre l'Iran, perturbation du détroit d'Ormuz, flambée du baril de brent à 120 $ en avril 2026, accord de cessez-le-feu Washington-Téhéran le 14 juin 2026, baril retombé à 80 $.

Guerre en Ukraine : 5e année. Zelensky évoque un accord « prêt à 90 % ».

Élections mondiales 2026 : chute d'Orbán en Hongrie (avril), instabilité politique aux États-Unis avec les tensions transatlantiques (Trump).

L'EUROPE

Présidence tournante du Conseil de l'UE : Chypre (1er semestre 2026), Irlande (2e semestre 2026).

Programme de travail 2026 de la Commission : « *Le moment de l'indépendance européenne* ». Cadre Readiness 2030 pour la défense, initiative européenne sur les drones. Programme SAFE (150 Mds €) pour l'autonomie stratégique.

Accord UE-Mercosur signé le 17 janvier 2026 à Asunción, application provisoire depuis le 1er mai 2026. Compensation FR : 300 M€ pour l'agriculture (2026-2027).

Élargissement : pas de « big bang » 2026. Ukraine, Moldavie, Monténégro (le plus avancé), Albanie sur la trajectoire. Réforme des traités d'adhésion préparée (garde-fous État de droit).

Marché carbone européen (ETS 2) : amendement du 18 février 2026 pour stabiliser les prix avant démarrage 2028.
Cadre financier pluriannuel 2028-2034 en négociation.

LA FRANCE

Gouvernement Lecornu II (12 octobre 2025, remanié 26 février 2026) : Nuñez à l'Intérieur, Vautrin aux Armées, Darmanin à la Justice, Lescure à l'Économie, Amiel à l'Action et aux Comptes publics, Gatel à l'Aménagement du territoire et à la Décentralisation.

Élections municipales 15 et 22 mars 2026 : participation record, 3 réformes majeures appliquées, scrutin de liste paritaire étendu à 71 % des communes. RN + UDR : 74 mairies.

Prochaines échéances : sénatoriales du 27 septembre 2026, présidentielle 2027 (fin du 2e mandat Macron).

Épizootie bovine (dermatose nodulaire contagieuse) : plan de vaccination massif Sud-Ouest.

L'ÉTAT

Loi de finances pour 2026 – Loi n° 2026-103 du 19 février 2026 : adoptée après **3 recours au 49.3**. Déficit à 5 % du PIB (131,9 Mds €), dette à 118,2 %.

Défense : +6,5 à 6,7 Mds € (LPM 2024-2030 accélérée). Intérieur +0,6 Md € (+1 600 emplois). Justice +0,2 Md € (+1 600 emplois).

Stratégie IA « Notre IA » (juin 2026, DINUM) : outils souverains généralisés — L'Assistant (Mistral AI sur Outscale), Transcripts, DiploIA (64 langues). Gains de productivité mesurés à 16 % sur synthèses.

Projet de loi « État local » (Françoise Gatel, 20 mai 2026) : préfet = guichet unique, coordination renforcée des services déconcentrés.

Programme « Territoires d'IA » : partenariat État / Banque des Territoires pour les collectivités.

DROIT PUBLIC, ADMINISTRATIF ET CONSTITUTIONNEL

Conseil constitutionnel

- **N° 2026-901 DC du 19 février 2026** : LFI 2026 (validation).
- **N° 2026-902 DC du 19 mars 2026** : JOP hiver 2030 Alpes françaises (conforme).
- **N° 2026-904 DC du 18 juin 2026** : loi lutte fraudes sociales et fiscales — validation partielle de la **« flagrance sociale »** (saisie conservatoire administrative), censure sur cumul de poursuites, réserve sur suspension des prestations.
- **N° 2026-7 RIP du 17 juin 2026** : proposition de loi RIP « exclure du soin la provocation active de la mort » → non-conformité.
- **N° 2026-1207 QPC du 19 juin 2026** : frais bancaires sur succession → non-conformité partielle.

Conseil d'État

- **CE, Ass., 5 mai 2026, Fédération des Acteurs de la Solidarité, n° 502860** : hébergement d'urgence des demandeurs d'asile.
- **CE, mai 2026, ANEF** : obligations des gestionnaires de services publics en cas de dysfonctionnement d'une plateforme numérique.
- **CE, 29 juin 2026, A69** : reprise des travaux autoroutiers autorisée.
- **CE, avril 2026, Nice** : vidéosurveillance algorithmique non autorisée.
- **CE, 6 mai 2026, n° 505835** : rémunération des contractuels — principe d'égalité invocable.

- **CE, 2026** : rupture conventionnelle FPE/FPT = acte susceptible de REP.
- **CE, 2026** : identification individuelle des policiers/gendarmes — injonction au ministre avant fin 2026.

Ordonnance n° 2026-265 du 8 avril 2026 : partie législative du code des douanes.

Loi n° 2026-404 du 26 mai 2026 sur les soins palliatifs (loi Vidal) : promulguée après vote consensuel. La proposition sur l'**aide à mourir** a été **rejetée par le Sénat le 7 juillet 2026** (motion de question préalable après échec de la CMP du 2 juin) — texte enterré pour cette législature.

LES MINISTÈRES : MISSIONS, ORGANISATION ET RÔLES

16 ministres de plein exercice dans le gouvernement Lecornu II (post-remaniement 26 février 2026) + ministres délégués et secrétaires d'État.

Ministères régaliens :

- **Intérieur (Laurent Nuñez)** : sécurité, immigration, préfectures, sécurité civile. Budget en hausse (+1 600 emplois).
- **Justice (Gérald Darmanin)** : politique pénale, administration pénitentiaire, PJJ. Budget en hausse (+1 600 emplois).
- **Armées (Catherine Vautrin)** : LPM 2024-2030 accélérée, dissuasion nucléaire.
- **Europe et Affaires étrangères** : Benjamin Haddad chargé de l'Europe.

Ministères économiques et financiers :

- **Économie/Finances (Roland Lescure)** : politique économique, industrie, énergie, souveraineté numérique.
- **Action et Comptes publics (David Amiel)** : budget, comptabilité publique, fonction publique et réforme de l'État.
- **PME/Commerce/Artisanat (Serge Papin)** : pouvoir d'achat, tourisme.

Ministères sociaux :

- **Travail et Solidarités (Jean-Pierre Farandou)** : emploi, formation professionnelle, protection sociale.
- **Santé (Stéphanie Rist)** : familles, autonomie, handicap.

- **Éducation nationale** : rentrée scolaire, groupes de besoins au collège (nécessitant un décret PM, CE 2025).

Ministères territoriaux et écologie :

- **Aménagement du territoire et Décentralisation (Françoise Gatel)** : ruralité, collectivités, projet État local.
- **Transition écologique (Monique Barbut)** : biodiversité, négociations climat, mer et pêche.
- **Ville et Logement (Vincent Jeanbrun).**
- **Transports (Philippe Tabarot).**

Ministères de la connaissance :

- **Enseignement supérieur, Recherche et Espace (Philippe Baptiste).**
- **Culture** (vacant depuis démission Dati fév. 2026, portefeuille à repourvoir).
- **Sports, Jeunesse et Vie associative (Marina Ferrari).**
- **Agriculture (Annie Genevard)** : souveraineté alimentaire, Mercosur, épizootie.

Organisation type d'un ministère :

- Cabinet ministériel (politique) : directeur de cabinet, conseillers.
- Secrétariat général (administratif) : SG + services centraux.
- Directions générales (métier).
- Services déconcentrés (préfets de région, DREAL, DDTM, ARS, rectorats).
- Opérateurs (établissements publics rattachés) — cible d'économies dans PLF 2026.

LA GESTION FINANCIÈRE ET LA COMPTABILITÉ PUBLIQUE

Cadrage macroéconomique 2026 :

- Déficit : **5 % du PIB** (131,9 Mds €).
- Dette : **118,2 % du PIB**.
- Retour sous 3 % visé pour 2029.
- Besoin de financement État 2026 : **305,7 Mds €**.
- Charge de la dette : taux moyen 3,16 % (vs 2,91 % en 2024).

Sécurité sociale :

- Dépenses ~830 Mds €.
- Déficit visé : 17,5 Mds € en 2026.
- ONDAM : 270,4 Mds € (+1,6 %).

Cinq principes du droit budgétaire (LOLF) : annualité, unité, universalité, spécialité, sincérité + équilibre réel pour les collectivités.

Procédure budgétaire 2026 illustrative des blocages :

- Rejet de la 1re partie par l'AN le 21 novembre 2025.
- Modification Sénat 15 décembre, CMP échec 19 décembre.
- 3 utilisations du 49.3, motions de censure rejetées.
- Adoption définitive fin janvier, promulgation 19 février.
- Loi spéciale du 23 décembre 2025 pour assurer la continuité au 1er janvier.

HCFP (Haut Conseil des finances publiques) : déclenchement du mécanisme de correction.

Plan structurel de moyen terme (PSMT) 2025-2029 actualisé en avril 2025 dans le nouveau cadre budgétaire européen unifié.
Cour des comptes : Amélie de Montchalin, première présidente depuis le 23 février 2026.
Loi du 11 mai 2026 sur la lutte contre les fraudes : « flagrance sociale ». Renforcement des effectifs de contrôle.
M57 généralisée aux collectivités depuis le 1er janvier 2024.
Compte financier unique en cours de généralisation.

ÉCONOMIE ET POLITIQUES PUBLIQUES

Chiffres macro 2026 (Insee/Banque de France)

- Croissance : **+0,7 %** (Insee, révisée à la baisse — 0,9 % prévu initialement). Banque de France plus pessimiste : +0,5 %.
- Inflation : **+2,4 % en mai 2026, +2,7 % attendu en décembre** (rebond énergétique après baril à 120 $ au printemps).
- Chômage : **8,1 % au T1 2026 (2,6 M de chômeurs)**, projeté à **8,4 % fin 2026** (+0,7 point sur un an).
- Pouvoir d'achat : **-0,3 %** en 2026 (recul).
- Taux d'épargne des ménages : 17,5 % (record).
- SMIC : revalorisation automatique de +2,4 % début juin 2026.

Politiques publiques emblématiques 2026 :

- **Loi pour le plein-emploi** : élargissement de la population comptabilisée comme demandeurs d'emploi (RSA, jeunes missions locales, handicap).
- **Réforme des retraites 2023** : montée en charge continue (âge légal, durée d'assurance à 43 ans / 172 trimestres). Question d'une éventuelle suspension évoquée mais sans effet avant fin 2026.
- **France 2030** : coupé de 1,1 Md €.
- **Fonds vert** : 1,15 → 0,85 Md €.
- **MaPrimeRenov'** : maintenu.
- **Prime d'activité** : +~50 €/mois pour 3 M de ménages.

Réindustrialisation : industrie aéronautique et navale « tiennent la barre » (Airbus, motoristes). Concurrence chinoise et droits de douane américains comme freins.

Transition écologique : ZAN (Zéro artificialisation nette) à 2050, PCAET obligatoires, SRADDET.
Souveraineté numérique : cloud SecNumCloud, IA souveraine.

LA FONCTION PUBLIQUE

Chiffres clés : ~5,7 M d'agents publics — 44 % FPE, 34 % FPT, 22 % FPH.

Conseil commun de la fonction publique du 13 janvier 2026 :

- Négociation salariale ouverte (mars 2026).
- Amélioration des taux de promotion B et C au 1er janvier 2027.
- Complémentaire santé FPH dès 2027.
- Harmonisation des autorisations spéciales d'absence.

Réforme des arrêts maladie au 1er septembre 2026.
Retraites 2026 : +0,9 % au 1er janvier, calcul sur les 6 derniers mois, durée d'assurance 43 ans.
Point d'indice : gelé en 2026.

Loi du 6 août 2019 : rupture conventionnelle (jurisprudence CE 2026 : REP possible), CDI, mobilité, contractualisation.
Code général de la fonction publique (CGFP) en vigueur depuis le 1er mars 2022.

CULTURE TERRITORIALE

LA FONCTION PUBLIQUE TERRITORIALE

Chiffres : 1,9 M agents dans 34 875 communes, 1 254 EPCI à fiscalité propre, 101 départements, 18 régions.

10 filières FPT : administrative, technique, culturelle, sportive, médico-sociale, police municipale, animation, sapeurs-pompiers, sécurité, incendie et secours.

3 catégories : A (~10 %), B (~15 %), C (~75 %).

CNFPT + centres de gestion (CDG) : deux piliers institutionnels.

Réforme de la haute FPT — 5 décrets du 10 juin 2026 (JORF 12 juin, application 1er juillet 2026) :

- **Décret n° 2026-483** : statut particulier des administrateurs territoriaux (3 grades + grade transitoire à 37 échelons).
- **Décret n° 2026-484** : emplois fonctionnels de direction (DGS/DGA). Détachement porté de 5 à 6 ans.
- **Décret n° 2026-485** : grille indiciaire alignée sur l'État.
- **Décret n° 2026-486** : grille pour < 40 000 hab.
- **Décret n° 2026-487** : régime indemnitaire spécifique (RIFSEEP), suppression NBI et prime de responsabilité.

Fin de la « double carrière ». RIFSEEP généralisé aux emplois de direction.

Retraites : catégories actives (police municipale, sapeurs-pompiers) conservent le départ anticipé.

CULTURE PROFESSIONNELLE DU MÉTIER D'ATTACHÉ TERRITORIAL

Cadre d'emplois de catégorie A, filière administrative. Recrutement principalement par concours externe (bac+3), interne, 3e concours.
4 grades : attaché, attaché principal, attaché hors classe (créé en 2017), directeur territorial (en extinction depuis 2017).

Missions fondamentales :

- Élaboration et pilotage de politiques publiques locales.
- Management d'équipe et de service.
- Gestion administrative, juridique, financière.
- Conception de projets, ingénierie territoriale.
- Représentation de la collectivité.
- Sécurisation juridique des actes.

8 postures clés : conseil aux élus, expertise juridique, pilotage budgétaire, management managérial, veille réglementaire, gestion de crise, animation partenariale, éthique et déontologie.

Qualités attendues au concours : culture territoriale solide, capacité rédactionnelle (note de synthèse, rapport avec propositions), sens du service public, connaissance des collectivités et des politiques publiques, capacité d'analyse stratégique.

Épreuves écrites : note ou note de synthèse, composition sur l'action publique locale (spécialités : AGCT, gestion urbaine, gestion du secteur sanitaire et social, animation, analyse et ingénierie de projet).

Épreuves orales : entretien avec le jury (motivation, expérience, mise en situation), langues.

Après réussite : inscription sur liste d'aptitude 4 ans max. Le lauréat doit trouver son poste (principe de recrutement libre par les collectivités = spécificité FPT).

Déontologie (loi du 20 avril 2016) : dignité, impartialité, intégrité, probité, neutralité, laïcité, secret professionnel, obligation de discrétion, référent déontologue.

Charte des managers publics : intégrité, exemplarité, capacité de décision, responsabilité.

LE MANAGEMENT DANS LA FONCTION PUBLIQUE TERRITORIALE

Grands principes managériaux territoriaux 2026 :

- **Management par la confiance** (contrepartie de la décentralisation et de la déconcentration renforcée).
- **Management hybride** (télétravail structurel, ergonomie, obligations canicule).
- **Management de la donnée** et de l'IA (« Territoires d'IA », 40 % d'usage clandestin de l'IA selon SNDGCT).
- **Management intergénérationnel** (pyramide des âges, départs massifs).
- **Management de crise et résilience** (Readiness 2030).
- **Management éthique et déontologique**.

Outils incontournables :

- Projet d'administration / projet de mandat 2026-2032 (renouvellement post-municipales).
- Lignes directrices de gestion (LDG) obligatoires depuis 2019.
- Comité social territorial (CST) — depuis 2022 fusion CT+CHSCT.
- Entretien professionnel annuel.
- Plan de formation, CPF.
- RIFSEEP (IFSE + CIA).

Enjeux RH structurels :

- Attractivité : concurrence avec le privé, difficultés de recrutement (ingénierie, médico-social, secrétaires de mairie).
- Absentéisme : indicateur central de pilotage.
- QVCT (qualité de vie et conditions de travail).

- Prévention des risques psychosociaux.
- Égalité femmes-hommes (plans obligatoires).

ACTUALITÉS ET RÉFORMES DE LA FPT

Renouvellement des exécutifs municipaux et intercommunaux (mars 2026) : nouveau mandat 2026-2032. **Réforme de la haute FPT (5 décrets du 10 juin 2026)** — voir supra. **Actualité majeure.**

Projet de loi de simplification des normes applicables aux collectivités (texte Sénat n° 557, 15 avril 2026, adopté en juin 2026).
Communes nouvelles : proposition de loi Sénat adoptée le 26 décembre 2025.
Statut de l'élu local : projet en cours (protection, indemnisation, sécurisation).
Rapport sénatorial 18 juin 2026 : « Intercommunalité : affirmer la logique de partenariat des territoires ».
Nouvel acte de décentralisation annoncé par le Premier ministre. Consultation lancée.
Finances locales 2026 :

- Recettes +4,2 Mds € (+1,4 %).
- Mécanisme DILICO de lissage conjoncturel.
- Hausse TGAP contestée.
- Fonds vert réduit.
- Zones FRR : distorsions identifiées.

Polices municipales : projet d'extension des prérogatives, moyens et organisation.
Suppression du RSA-DILICO et évolution des dotations à surveiller pour LFI 2027.

CULTURE GÉNÉRALE

ARTS ET MÉDIAS : ÉVÉNEMENTS CULTURELS, TENDANCES MÉDIATIQUES

Cinéma – Festival de Cannes 2026 (79e édition, 12-23 mai) :

- **Palme d'or : *Fjord* de Cristian Mungiu** (Roumanie) — sa 2e Palme.
- Grand Prix : *Minotaure* d'Andreï Zviaguintsev (Russie).
- Prix du scénario : *Notre salut* d'Emmanuel Marre (film français sur la collaboration sous Vichy).
- Prix Un certain regard : *Everytime* de Sandra Wollner.
- Prix d'interprétation masculine ex aequo : Emmanuel Macchia et Valentin Campagne (*Coward* de Lukas Dhont).
- Palme d'or d'honneur : Peter Jackson (annoncée 5 mars) et Barbra Streisand (absente).
- Jury présidé par Park Chan-wook.

Éditions culturelles 2026 :

- **Festival d'Avignon 2026** (juillet) : les arts de la scène confirmés comme pilier de la culture française (72 % des citoyens selon Ipsos/BVA).
- **Eurovision 2026** : 70e édition.
- **Cannes Lions 2026** : IA générative (Google DeepMind Project Genie Grand Prix), creator economy à 37 Mds $.

Sport majeur 2026-2027 :

- **JO d'hiver Milan-Cortina** (février 2026) : UE = 164 médailles (54 or / 56 argent / 54 bronze).

- **Coupe du Monde de football 2026** (été, États-Unis / Canada / Mexique).
- **Rugby : Six Nations 2026**.
- **JOP d'hiver 2030 Alpes françaises** : loi validée par CC n° 2026-902 DC du 19 mars 2026.

Enjeux médias/numérique :

- Régulation ARCOM des chaînes d'info (dossier CNews toujours en cours).
- Loi européenne sur l'IA (RIA) : décisions administratives partiellement automatisées.
- Réseaux sociaux et santé mentale des jeunes (dossier européen).
- Piratage / droit d'auteur (Hadopi/ARCOM, RGPD).
- Question de l'accès des mineurs aux contenus pornographiques (CE saisit la CJUE).

Grands anniversaires 2026-2027 : 80e anniversaire de l'ONU (2025-2026), 70e anniversaire du Traité de Rome (2027).

QUESTIONS SOCIALES ET ENJEUX CONTEMPORAINS

Pauvreté et inégalités

- **Taux de pauvreté monétaire : 15,4 % en 2023 (9,8 M de personnes)** — record depuis 1996.
- Familles monoparentales particulièrement touchées : **34,3 % (+2,9 points)**.
- Seuil de pauvreté (60 % du niveau de vie médian) : **1 288 €/mois pour une personne seule**.
- Objectif national : -20 % du nombre de personnes sous le seuil d'ici 2027 (de 9,3 M en 2023 à 8,5 M cible).
- **Inégalités de revenus au plus haut depuis 30 ans** (Insee avril 2026) : rapport interdécile après redistribution = 3,7 (vs 20 avant).
- Privation matérielle et sociale : 13,1 % de la population en 2025 (Insee, historique).
- CNLE (Conseil national des politiques de lutte contre l'exclusion) missionné par le PM sur un objectif de réduction de la pauvreté à 10 ans.

Santé et système de soins

- Renoncement aux soins en hausse chez les publics fragiles (mesures PLFSS 2026 contestées).
- Loi n° 2026-404 du 26 mai 2026 « soins palliatifs » (loi Vidal) : stratégie décennale (1 Md € sur 10 ans), maisons d'accompagnement, objectif 2 USP par département.
- **Proposition de loi sur l'aide à mourir rejetée par le Sénat le 7 juillet 2026** (motion de question préalable) — texte enterré pour cette législature.
- Santé mentale grande cause 2025-2026.

Retraite et dépendance

- Réforme des retraites 2023 : montée en charge. Débats persistants sur suspension.
- Revalorisation +0,9 % au 1er janvier 2026.
- Dépendance : loi grand âge attendue depuis des années.

Éducation, jeunesse, égalité

- Groupes de besoins au collège : nécessite un décret PM (CE 2025).
- Parcoursup 2026 : premiers résultats.
- Nouvelles stratégies européennes 2026 pour l'égalité des sexes et le handicap (Commission).

Sécurité / criminalité / immigration

- **Ipsos juin 2026 : criminalité et inflation en tête des préoccupations des Français (38 %)**.
- Immigration : 24 % (baisse). Loi immigration 2024 en application.
- Émeutes / violences urbaines : dossiers récurrents.

Environnement

- Changement climatique : préoccupation en hausse (14 % → 19 % en juin 2026, Ipsos).
- ZAN 2050, France 2030 amputé.
- CE : émissions de gaz à effet de serre — mesures suffisamment précises pour l'objectif de -40 % en 2030 (2026).
- Canicule 2026 : nouvelles obligations employeurs.

Fin de vie et bioéthique : voir supra (loi Vidal / aide à mourir rejetée).

IA et société

- 61 % des consommateurs attendent une personnalisation IA (Zendesk).
- Rapport OCDE 2026 sur gouvernance de l'IA dans l'administration.
- Défenseure des droits : intervention humaine « positive, concrète et significative » exigée pour les décisions partiellement automatisées.

LE MANAGEMENT

10 grandes tendances managériales 2026 :

1. Management par l'IA générative : arbitrage, supervision éthique. Vigilance : perte de compétences, biais algorithmiques.
2. Sobriété managériale et budgétaire : contexte UN80 + LFI 2026 contraint. Priorisation, sunset clauses, mutualisation.
3. Management hybride : télétravail structurel, ergonomie renforcée (obligations canicule).
4. Management intergénérationnel : accompagnement seniors, attractivité pour les jeunes générations.
5. Management de la donnée : gouvernance, interopérabilité, éthique, RGPD renforcé.
6. Management de crise et résilience : Readiness 2030 européen. Culture de la préparation (sécurité, énergie, climat, cyber).
7. Management par la confiance : décentralisation et déconcentration renforcées.
8. Management éthique et responsabilité algorithmique : décisions administratives partiellement automatisées.
9. Management de la parité et de l'égalité : scrutin de liste paritaire étendu à toutes les communes.
10. Management de la performance et de l'expérience usager : dashboards publics, satisfaction usager (61 % attendent la personnalisation IA), simplification.
6 principes fondamentaux du management public à maîtriser : performance (LOLF), transparence (open data), éthique (déontologie, laïcité), efficience, participation (démocratie de proximité), résilience.

Auteurs et théories utiles :

- **F.W. Taylor** (OST), **H. Fayol** (POCCC), **M. Weber** (bureaucratie).
- **E. Mayo** (école des relations humaines).
- **P. Drucker** (management par objectifs).
- **H. Mintzberg** (rôles du manager, structures).
- **D. McGregor** (X/Y).
- **F. Herzberg** (facteurs de motivation).
- **New Public Management** (années 1980-90) : critiques et évolutions actuelles vers un « post-NPM » plus collaboratif et centré usager.
- **Théorie de la contingence**.
- **Management public 2.0** : agilité, design thinking, lean.

RÉUSSIR L'ÉPREUVE ORALE DU CONCOURS D'ATTACHE TERRITORIAL

Comme vous, j'ai connu les concours : leurs épreuves exigeantes, leurs échecs parfois décourageants, mais aussi leurs réussites stimulantes.
J'ai eu la chance de siéger à plusieurs jurys de concours de la fonction publique territoriale, et ces expériences m'ont permis d'observer ce qui fait la différence entre un candidat « moyen » et un candidat qui convainc vraiment.
De ces années de préparation et d'évaluation, j'ai construit une méthode concrète pour **réussir l'oral du concours d'attaché territorial**, que je vous partage ici.

1. Comprendre la logique de l'épreuve orale

L'oral d'attaché territorial n'est pas un simple exposé de connaissances, mais un **entretien d'évaluation de votre aptitude à exercer des fonctions d'encadrement et de pilotage**.
Le jury cherche des candidats capables d'analyser, de hiérarchiser, de décider et d'incarner les valeurs du service public.
Comme un athlète de haut niveau, vous devez vous **entraîner à parler, argumenter et convaincre**.
Ne vous limitez pas à réviser vos fiches : travaillez votre posture, votre clarté et votre esprit de synthèse.
Avant tout, lisez la note de cadrage et les rapports de jury : ils révèlent les thématiques prioritaires (management, finances, déontologie, politiques publiques...).

2. Ne récitez pas : incarnez votre parcours

Le jury veut comprendre **qui vous êtes en tant que futur cadre territorial**.

Évitez les discours récités : ils sonnent faux et coupent le lien humain.

Présentez vos expériences avec sincérité, en soulignant ce qu'elles ont développé chez vous : **rigueur, sens de l'organisation, leadership, gestion de projets, travail en équipe**.

Choisissez des exemples concrets : coordination d'un service, conduite de changement, participation à une politique publique locale.

Votre parcours doit raconter une **progression vers des fonctions de responsabilité**.

3. Jouez la carte de la sincérité

Le jury apprécie les candidats lucides sur leur parcours.

Ne craignez pas d'évoquer vos difficultés ou réorientations, à condition de montrer ce que vous en avez tiré.

Cette capacité d'analyse est celle qu'on attend d'un futur cadre.

Mettez aussi en valeur vos réussites : projets menés à terme, actions innovantes, réussites collectives.

Et n'hésitez pas à évoquer vos engagements personnels (bénévolat, sport, culture) s'ils traduisent des qualités utiles : **persévérance, ouverture, responsabilité**.

4. Structurer sa présentation d'introduction

Votre présentation doit être claire, professionnelle et équilibrée (2 à 3 minutes).
Un plan en trois temps fonctionne très bien :

1. **Accroche** : « Je souhaite intégrer le cadre d'emplois des attachés territoriaux pour participer activement à la mise en œuvre des politiques publiques locales. »
2. **Parcours synthétique** : « Mon parcours m'a permis d'acquérir une solide expérience en gestion administrative et en management d'équipes, notamment au sein de collectivités locales. »
3. **Motivations** : « Je souhaite aujourd'hui contribuer à la modernisation de l'action publique et à la qualité du service rendu aux citoyens. »

5. Construire les paragraphes de motivation

Structurez vos motivations autour de trois axes :

- **Motivation professionnelle** : votre volonté d'évoluer vers des fonctions de cadre, de concevoir et piloter des projets, de manager des équipes.
- **Motivation intellectuelle** : l'intérêt pour l'analyse, la réglementation, la gestion financière, la coordination de politiques publiques.
- **Motivation personnelle** : sens du collectif, de l'intérêt général, et engagement pour le développement des territoires.

Chaque motivation doit être illustrée par un **exemple précis** : un projet, une mission, une décision à responsabilité.

6. Réussir la conclusion

Votre conclusion doit laisser une impression de **maturité et de cohérence**.
Rappelez vos atouts (organisation, sens du dialogue, méthode).
Ouvrez sur une compétence ou un projet personnel valorisant (formation continue, engagement associatif, sport collectif).
Terminez par une phrase simple et sincère :
« Je souhaite apporter mon énergie et mes compétences au service des citoyens, dans un cadre professionnel exigeant et porteur de sens. »
Le jury retient ceux qui donnent envie de **travailler avec eux**.

7. Gérer le stress

Le stress est inévitable ; il devient un allié lorsqu'il est maîtrisé.
Respirez, préparez un rituel d'ancrage avant d'entrer dans la salle.
Focalisez votre esprit sur le plaisir de partager votre parcours, pas sur la peur d'être jugé.
Le jury ne sanctionne pas le trac, mais il observe votre **capacité à rester lucide et professionnel sous pression**.
L'attitude posée, le regard franc et la voix maîtrisée font la différence.

8. Soigner sa présentation

L'attaché territorial incarne le **visage administratif de la collectivité**.
Votre tenue doit refléter la sobriété et la crédibilité attendues

d'un cadre : costume sobre ou équivalent professionnel.
Évitez toute marque ostentatoire ou signe distinctif religieux ou politique.
Votre gestuelle doit exprimer **assurance, ouverture et écoute**.
L'apparence n'est pas tout, mais elle influence la première impression du jury.

9. S'entraîner, encore et encore

La réussite à l'oral d'attaché repose sur la **répétition intelligente**.
Entraînez-vous à parler de votre parcours sans notes, à synthétiser une question complexe, à argumenter sereinement.
Travaillez votre voix, votre rythme et votre posture.
Passez plusieurs oraux blancs : seul, en binôme ou avec un coach.
Filmez-vous et demandez-vous : « Est-ce que j'incarne la crédibilité d'un cadre territorial ? »

10. Comment réviser efficacement avant l'oral

1. Lisez la **note de cadrage nationale** et les **rapports de jury récents**.
2. Utilisez des **fiches Q/R** pour renforcer vos réflexes de raisonnement.
3. Suivez l'actualité territoriale (La Gazette des Communes, Maire-Info, Carrières Publiques, CNFPT).
4. Révisez les bases : finances locales, déontologie, management, politiques publiques.

5. Assistez à d'autres oraux si possible pour observer le niveau d'exigence attendu.

11. Exemple de planning sur 8 semaines de préparation

- **Semaine 1** : rédigez et testez votre présentation d'introduction.
- **Semaines 2-7** : deux oraux blancs par semaine + lecture de l'actualité territoriale.
- **Semaine 4** : travaillez la gestuelle et la gestion du stress.
- **Semaine 7** : simulez des questions sur les politiques publiques et le management.
- **Semaine 8 (dernière)** : une répétition complète, repos la veille, confiance le jour J.

12. En résumé

Réussir l'oral du concours d'**attaché territorial**, c'est :

- comprendre les attentes du jury (vision stratégique, management, éthique) ;
- savoir **se présenter avec clarté, sincérité et assurance** ;
- montrer une vraie **motivation pour l'action publique locale** ;
- et incarner les valeurs du **service public moderne : loyauté, efficacité, innovation et humanité**.

Le jury ne cherche pas des techniciens parfaits, mais **des futurs cadres capables d'incarner la confiance du service public local**.

Les 20 questions les plus posées à l'oral du concours d'Attaché territorial

A. Questions sur le parcours et la motivation

1. Pouvez-vous vous présenter en quelques minutes ?

Le jury veut tester ta clarté, ton sens de la synthèse et ta cohérence. Structure ta réponse : parcours – compétences – projet professionnel. Mets en avant les éléments qui démontrent ton **aptitude à être cadre territorial** (autonomie, management, rigueur, sens du service public).

2. Pourquoi souhaitez-vous devenir attaché territorial ?

Évite la réponse "pour la stabilité". Parle plutôt de ta volonté de **servir l'intérêt général**, d'avoir un rôle de **conception, coordination, pilotage** et d'accompagner la transformation des services publics locaux.

3. Quelles sont, selon vous, les qualités d'un bon attaché territorial ?

Le jury attend : **rigueur, esprit d'analyse, écoute, adaptabilité, sens du collectif, éthique et loyauté institutionnelle**. Illustre par un exemple vécu.

4. Qu'est-ce qui distingue un attaché d'un rédacteur territorial ?

Le rédacteur exécute et applique, l'attaché **analyse, propose, décide et encadre**. L'attaché est un **cadre A**, porteur de vision et de coordination.

5. Qu'attendez-vous de la fonction publique territoriale ?

Montre que tu en comprends les enjeux : **proximité avec les citoyens**, **souplesse d'action**, **partenariat avec les élus** et **diversité des missions**. Relie ta réponse à tes valeurs.

B. Questions sur le métier et les missions

6. Quelles sont les missions principales d'un attaché territorial ?

Selon la spécialité : **conception et mise en œuvre des politiques publiques, gestion financière, ressources humaines, commande publique, management d'équipes**. Mentionne la dimension **transversale et stratégique** du métier.

7. Comment décririez-vous la relation entre l'attaché territorial et les élus ?

C'est une relation de confiance, de loyauté et de conseil. L'attaché apporte une expertise technique neutre pour éclairer la décision politique, sans jamais s'y substituer.

8. Quelle est la différence entre décentralisation et déconcentration ?

La décentralisation confie un pouvoir de décision à des collectivités locales autonomes (commune, département, région).
La déconcentration délègue un pouvoir de l'État à ses représentants locaux (préfet, recteur...).
9. Comment concevez-vous le rôle de l'attaché dans la modernisation de l'action publique ?

Il doit être un **acteur du changement** : numérisation des services, simplification administrative, innovation managériale, évaluation des politiques publiques.

10. Quels sont les grands défis actuels des collectivités territoriales ?

Financement des politiques locales, **transition écologique**, **attentes citoyennes croissantes**, **crise des vocations**, **maîtrise des dépenses** et **coordination intercommunale**.

C. Questions sur les valeurs et l'éthique du service public

11. Quelles sont les valeurs fondamentales du service public

Égalité, continuité, neutralité, adaptabilité, laïcité. Ces principes guident ton action et garantissent la confiance du citoyen.

12. Comment réagiriez-vous face à une situation de conflit d'intérêts ?

Déclarer immédiatement la situation à ta hiérarchie, te retirer du dossier concerné. L'important est de montrer ta **probité et ton sens de la déontologie13. Que signifie la laïcité dans la fonction publique ?**

C'est la **neutralité de l'État** vis-à-vis des religions. L'agent ne manifeste pas ses convictions et veille à un traitement égal de tous les usagers.

14. Quelle est votre conception de l'intérêt général ?

C'est ce qui **sert collectivement les citoyens**, au-delà des intérêts individuels ou politiques. L'attaché territorial agit avec objectivité, au service du bien commun.

<u>D. Questions sur le management et la posture de cadre</u>

15. Comment gérez-vous une équipe ?

Avec **écoute, clarté, bienveillance et exigence**. Le management territorial s'appuie sur la concertation, la reconnaissance et la cohérence des objectifs. Donne un exemple de management participatif ou de gestion de conflit.

16. Comment motiver vos collaborateurs ?

Par le **sens** (expliquer les objectifs), la **valorisation** (reconnaître les efforts) et la **responsabilisation** (donner de l'autonomie). L'attaché est un **facilitateur** de la réussite collective.

17. Comment gérez-vous le stress ou les situations de tension professionnelle ?

Montre ta **capacité de recul et de maîtrise émotionnelle**. Parle de priorisation, de dialogue, de régulation. Le jury teste ta stabilité émotionnelle et ton sens du discernement.

18. Comment réagiriez-vous face à un ordre manifestement illégal de votre hiérarchie ?
Tu as le **devoir de désobéir** dans ce cas. Tu dois signaler l'ordre illégal, rédiger un rapport et refuser son exécution. Le jury évalue ta compréhension des limites hiérarchiques.

E. Questions sur la connaissance de l'environnement territorial et l'actualité

19. Quelles sont les grandes réformes récentes concernant les collectivités territoriales ?

Cites-en une ou deux : **loi 3DS (2022)** sur la différenciation et la décentralisation, réforme de la **fonction publique de 2019**, ou **PACTE vert européen**. L'objectif est de montrer ta veille institutionnelle.

20. Quelle actualité territoriale récente vous a particulièrement marqué ?

Choisis un sujet concret et local (transition énergétique, budget participatif, crise du logement, mutualisation de services…). Explique pourquoi ce thème illustre les enjeux contemporains du service public local.

Questions d'actualité à l'oral

A. Finances publiques et gouvernance locale

1. Quelle est la principale contrainte budgétaire des collectivités en 2025 ?

Les collectivités subissent la hausse des coûts de l'énergie, de l'inflation et des salaires, alors que leurs recettes stagnent.
La suppression progressive de la taxe d'habitation et la réforme des bases foncières ont réduit leur autonomie financière.
Elles doivent donc renforcer la gestion pluriannuelle, la recherche de subventions et les mutualisations.
L'attaché territorial joue un rôle clé dans le pilotage rigoureux et l'évaluation budgétaire.

2. Quelle est la situation actuelle de la dotation globale de fonctionnement (DGF) ?

La DGF reste stable globalement, mais son poids relatif diminue dans les budgets locaux.
Elle représente aujourd'hui moins de 18 % des recettes de fonctionnement des communes.
La tendance est à la responsabilisation fiscale locale et à la contractualisation avec l'État.
Les collectivités doivent compenser par des ressources propres et des financements européens.

3. Que pensez-vous de la contractualisation financière entre l'État et les collectivités ?

Cette mesure vise à encadrer la dépense locale, notamment via les contrats de maîtrise des dépenses publiques.
C'est un outil de transparence et de responsabilité, mais certains élus dénoncent une perte d'autonomie.
Pour l'attaché, c'est un exercice d'équilibre entre discipline budgétaire et capacité d'action locale.
L'objectif reste la soutenabilité financière sans freiner l'investissement public.

4. Quel est l'impact de la hausse des taux d'intérêt sur les budgets locaux ?

Le renchérissement du crédit limite la capacité d'emprunt des collectivités.
Les projets d'investissement doivent être repriorisés selon leur rentabilité sociale ou environnementale.
Les attachés doivent renforcer les analyses financières prospectives.
Les partenariats publics-privés ou les financements européens redeviennent des leviers importants.

5. Quelles sont les priorités budgétaires actuelles des communes ?

Les communes investissent dans la transition énergétique, la sécurité, l'éducation et la modernisation numérique.
Elles doivent maintenir la qualité du service public malgré des marges de manœuvre réduites.
L'efficacité de la dépense et la mutualisation

intercommunale deviennent essentielles.
L'attaché territorial participe à l'élaboration de budgets sincères, réalistes et durables.

B. Transition écologique et développement durable

6. Que signifie la "planification écologique" mise en place par l'État ?

C'est une stratégie nationale de coordination des actions publiques en faveur du climat et de la biodiversité.
Elle implique directement les collectivités dans la rénovation énergétique, la mobilité verte et la sobriété foncière.
L'attaché doit savoir intégrer ces objectifs dans les politiques locales.
La planification écologique devient un axe transversal du développement territorial.

7. Comment les collectivités participent-elles à la lutte contre le changement climatique ?

Elles agissent via leurs **Plans climat-air-énergie territoriaux (PCAET)** et leurs **Schémas de cohérence territoriale (SCoT)**.
Elles favorisent la rénovation des bâtiments publics, la mobilité douce et la réduction des déchets.
L'attaché territorial doit maîtriser les **enjeux techniques et réglementaires** liés à ces politiques.
Le développement durable est aujourd'hui une dimension obligatoire de toute action publique locale.

8. Qu'est-ce que la sobriété foncière et pourquoi est-elle prioritaire ?

La sobriété foncière consiste à limiter l'artificialisation des sols ("zéro artificialisation nette" – ZAN).
Elle protège les espaces naturels et agricoles et limite l'étalement urbain.
Les collectivités doivent revoir leurs documents d'urbanisme et densifier les zones déjà urbanisées.
L'attaché accompagne cette démarche en conciliant projet de territoire et protection environnementale.

9. Comment la transition énergétique influence-t-elle les collectivités locales ?

Elles deviennent **acteurs et exemplaires** : bâtiments à énergie positive, flottes électriques, achats responsables.
Le coût de l'énergie incite à repenser les modes de chauffage et d'éclairage.
L'attaché territorial pilote ces projets avec des partenaires publics et privés.
Il doit allier maîtrise des coûts et **responsabilité environnementale**.

10. Quel rôle joue la commande publique dans le développement durable ?

La commande publique représente près de 100 milliards d'euros par an.
Elle est un levier majeur pour la transition écologique et sociale.
Les marchés publics intègrent désormais des **critères**

environnementaux et sociaux.
L'attaché territorial doit veiller à leur bonne application tout en respectant la **réglementation des marchés**.

C. Management, ressources humaines et conditions de travail

11. Quelles sont les principales difficultés de management dans la fonction publique territoriale ?

Le vieillissement des agents, le manque d'attractivité et la surcharge de travail.
Le management doit combiner **écoute, adaptabilité et leadership**.
L'attaché doit impulser une culture du résultat sans déshumaniser la relation.
La reconnaissance et le sens au travail deviennent les leviers essentiels.

12. Que pensez-vous du télétravail dans la fonction publique territoriale ?

C'est un progrès en termes de qualité de vie, mais il nécessite un **encadrement clair et équitable**.
Il exige des outils numériques fiables et une communication fluide.
L'attaché territorial doit veiller à préserver la **cohésion d'équipe et la continuité du service public**.
Le télétravail est un levier, pas une fin en soi.

13. Comment renforcer l'attractivité de la fonction publique territoriale ?

En valorisant la **mobilité interne**, la **formation continue** et les **parcours professionnels motivants**.
Les jeunes générations recherchent du sens et un équilibre de

vie.
Les collectivités doivent communiquer sur leur **utilité sociale** et leurs perspectives d'évolution.
L'attaché joue un rôle dans cette dynamique en valorisant son service.

14. Qu'est-ce que la QVCT et pourquoi est-elle importante

La **Qualité de Vie et des Conditions de Travail** vise à concilier bien-être et performance.
Elle englobe la prévention des risques, la reconnaissance, et la participation des agents.
L'attaché territorial contribue à son pilotage en associant les agents aux décisions.
Une bonne QVCT favorise la motivation, la fidélisation et la productivité.

15. Comment faire face à un conflit au sein d'une équipe ?

Il faut écouter chaque partie, comprendre les causes (communication, charge, valeurs).
L'attaché doit agir en médiateur neutre, proposer des solutions et restaurer la confiance.
Le dialogue social et la clarté des missions sont essentiels.
Une gestion juste et rapide évite la cristallisation du conflit.

D. Réformes, territoires et citoyenneté

16. Quelles sont les grandes réformes territoriales récentes

Les lois "3DS" (2022) et "Engagement et proximité" (2020) ont renforcé la différenciation et la coopération locale.

Elles visent à **adapter les compétences au terrain** et à moderniser la gouvernance.
Les EPCI gagnent en rôle stratégique.
L'attaché doit maîtriser ces cadres pour accompagner les élus dans leur application.

17. Comment voyez-vous le rôle de l'intercommunalité aujourd'hui ?

C'est un **outil de mutualisation et de cohérence territoriale**.
Les EPCI gèrent désormais des compétences clés : eau, déchets, développement économique.
L'attaché y joue un rôle transversal, garantissant l'articulation entre les communes membres.
La gouvernance intercommunale repose sur la concertation et la confiance politique.

18. Que pensez-vous du développement de la participation citoyenne ?

Les citoyens demandent plus de transparence et de co-construction.
Les budgets participatifs, les consultations ou les conseils citoyens renforcent la démocratie locale.
L'attaché territorial doit maîtriser ces dispositifs et animer la concertation.
C'est une évolution qui redonne du sens à l'action publique.

19. Quelle place occupe l'égalité femmes-hommes dans les politiques locales ?

C'est un objectif transversal inscrit dans la loi.
Les collectivités doivent élaborer un **plan d'action pour l'égalité** et en suivre les indicateurs.
L'attaché territorial veille à sa mise en œuvre dans les pratiques RH et les politiques publiques.
C'est un enjeu de justice, mais aussi de performance collective.

20. Comment les collectivités intègrent-elles le handicap ?

Elles doivent atteindre 6 % d'agents en situation de handicap.
Mais au-delà du quota, il s'agit de **favoriser l'inclusion et l'accessibilité universelle**.
L'attaché territorial peut piloter des projets d'adaptation de poste ou de sensibilisation.
C'est un levier de cohésion sociale et de modernité administrative.

E. Numérique, innovation et communication publique

21. Qu'est-ce que la dématérialisation dans l'action publique ?

C'est le passage du papier au numérique pour simplifier les démarches et améliorer la traçabilité.
Elle optimise le travail interne et réduit les coûts.
Mais elle suppose une **accompagnement humain** pour éviter la fracture numérique.
L'attaché veille à la sécurité et à la conformité RGPD.

22. Comment les collectivités peuvent-elles réduire la fracture numérique ?

En développant des **points d'accueil physiques**, des **médiateurs numériques** et des **formations**.
La fracture numérique touche surtout les seniors et les zones rurales.
Les collectivités doivent combiner outils technologiques et proximité humaine.
C'est un enjeu de cohésion sociale et d'égalité d'accès au service public.

23. Quelle place occupe la cybersécurité dans les collectivités ?

Les cyberattaques se multiplient : hôpitaux, mairies, intercommunalités.
Elles menacent la continuité du service public et la protection des données.
Les collectivités doivent adopter des **plans de prévention, sauvegardes et formations**.
L'attaché territorial pilote ou coordonne ces dispositifs en lien avec les DSI.

24. Comment améliorer la communication des collectivités avec les citoyens ?

En adoptant une communication **pédagogique, transparente et interactive**.
Les réseaux sociaux et sites institutionnels sont des vecteurs essentiels.
L'attaché doit veiller à la cohérence du message public et à la

lutte contre les fake news.
La communication devient un outil de **confiance et de participation**.

25. Quelle est votre vision de l'administration numérique idéale ?

Une administration fluide, accessible et respectueuse de la confidentialité.
Le numérique doit être un **outil de service**, non une barrière.
L'attaché territorial contribue à une transformation équilibrée, centrée sur l'usager.
L'innovation doit toujours être accompagnée d'un accompagnement humain.

F. Actualité institutionnelle et européenne

26. Quel est le rôle de l'Union européenne dans les politiques locales ?

L'UE finance une part importante des projets territoriaux via les **fonds FEDER, FSE+, FEADER**.
Les collectivités doivent apprendre à **monter des dossiers complexes** et à suivre les financements.
L'attaché territorial devient un acteur du **développement européen localisé**.
C'est un levier d'investissement stratégique pour les territoires.

27. Comment les collectivités participent-elles à la transition démographique ?

Elles doivent adapter les politiques publiques au vieillissement et à la jeunesse.
Cela concerne le logement, la santé, la mobilité et les services sociaux.
L'attaché territorial planifie les réponses locales avec les partenaires institutionnels.
C'est un défi d'équilibre et d'innovation sociale.

28. Quelle est la place de la culture dans les politiques locales ?

La culture renforce le **vivre-ensemble, l'attractivité et la citoyenneté**.
Les collectivités soutiennent les équipements culturels, festivals et associations.
L'attaché territorial veille à concilier rayonnement et maîtrise budgétaire.
La culture demeure un moteur d'identité locale et de lien social.

29. Que pensez-vous de la montée des exigences environnementales dans l'urbanisme ?

Elle complexifie les projets, mais améliore leur durabilité.
L'urbanisme de demain doit être **sobre, participatif et réversible**.
L'attaché territorial doit articuler cadre juridique et innovation territoriale.
C'est une évolution nécessaire vers des territoires plus résilients.

30. Quelle est, selon vous, la plus grande transformation de la fonction publique territoriale aujourd'hui ?

La mutation culturelle : passer d'une logique administrative à une logique de projet, d'efficacité et de service à l'usager.
Le management public devient plus collaboratif et orienté résultats.
L'attaché territorial incarne ce tournant en conciliant sens, efficacité et humanité.
C'est une fonction en pleine modernisation, au cœur de la société.

Méthodes pour répondre à une question de mise en situation

La méthode universelle pour répondre à une question de mise en situation

Tu dois **raisonner comme un attaché territorial**, c'est-à-dire

A. Adopter une posture de cadre

- Tu **ne réagis pas "émotionnellement"**, mais de façon structurée et professionnelle.
- Tu représentes l'administration : loyauté, neutralité, éthique, efficacité.

B. Suivre une méthode en 4 étapes (modèle "CPRS")

Étape	Contenu	Exemple de formulation
1. Contexte	Reformule brièvement la situation pour montrer que tu l'as comprise.	« Si je comprends bien, un agent refuse d'appliquer une consigne liée à la sécurité incendie… »
2. Problème	Identifie la ou les causes réelles (technique, humaine, éthique, juridique).	« Le problème n'est pas seulement disciplinaire, mais de communication et de management. »
3. Réponse / Actions	Décris la conduite à tenir, en respectant	« Je reçois l'agent, j'écoute, je rappelle

	la hiérarchie, le droit et les valeurs du service public.	les obligations statutaires, puis je propose une médiation. »
4. Synthèse / Prise de recul	Termine en ouvrant sur la prévention, l'évaluation, la communication interne.	« Je mettrais en place un suivi d'équipe pour éviter que ce type de situation ne se reproduise. »

Règles d'or

- **Toujours parler en "je"** (tu es le cadre).
- **Toujours argumenter calmement** (pas de jugements).
- **Toujours rappeler les principes du service public** : neutralité, continuité, légalité, intérêt général.
- **Toujours proposer une action concrète ET une prévention à long terme.**

<u>QQOQCCP + R (clarifier vite et juste)</u>

Quand : dès qu'un cas est flou ou complexe.
Étapes : Qui ? Quoi ? Où ? Quand ? Comment ? Combien ? Pourquoi ? + **Risques**.
Phrase-type : « Avant d'agir, je précise les faits et les risques opérationnels/juridiques. »
Exemple : Subvention contestée → Qui décide ? Quel règlement ? Quel montant/bénéficiaires ? Risques contentieux/communication.

STAR + LAW (raconter une réponse crédible et sûre)

Quand : le jury te demande « concrètement, vous faites quoi ? ».
Étapes : **S**ituation – **T**âche – **A**ctions – **R**ésultat, puis **L**égalité – **A**cceptabilité (usagers/agents) – **W**atch (suivi).
Phrase-type : « J'agis ainsi, c'est légal, accepté, et je mets un suivi. »
Exemple : Tensions d'équipe → entretien, médiation, répartition des charges, **résultat** mesuré (absentéisme ↓), **suivi** à 1 mois.

DESC (gérer un conflit ou un comportement)

Quand : agent difficile, partenaire agressif, élu pressant.
Étapes : **D**écrire les faits – **E**xprimer l'impact – **S**uggérer des options – **C**onvenir d'un plan.
Phrase-type : « Voici les faits, voilà l'impact, je propose..., validons ensemble. »
Exemple : Retards récurrents → décrire les absences, impact sur accueil, proposer horaires/renfort, acter un engagement.

RACI + Eisenhower (prioriser et répartir)

Quand : surcharge, projet multi-acteurs.
Étapes : matrice **RACI** (Responsable, Approbateur, Consulté, Informé) + urgence/importance (**Eisenhower**).
Phrase-type : « Je clarifie qui fait quoi et je séquence selon urgence/impact. »
Exemple : Lancement portail usagers → DSI R, DGS A, services C, élus I ; quick-wins en Q2, chantiers lourds planifiés.

PDCA + KPI (sécuriser un plan d'action)

Quand : on te demande « votre plan concret ? ».
Étapes : **Plan** (objectifs/KPI) – **Do** (pilote) – **Check** (mesure) – **Act** (corrections).
Phrase-type : « Je lance en pilote, je mesure, j'étends si les indicateurs sont atteints. »
Exemple : Télétravail → pilote 3 mois, KPI service rendu/satisfaction, ajustements puis généralisation.

PPIER (vision 360°)

Quand : enjeu politique/sensible.
Étapes : **P**roblème – **P**arties prenantes – **I**mpacts – **E**njeux – **R**isques.
Phrase-type : « Je cartographie acteurs/impacts pour une décision robuste. »
Exemple : Fermeture d'un équipement → usagers/assos/élus, impacts sociaux/financiers, risque image, plan d'accompagnement.

Matrice de risques (G×P + maîtrise)

Quand : sécurité, finances, juridique, SI.
Étapes : lister risques, **Gravité × Probabilité**, mesures **immédiates / structurelles / résiduelles**.
Phrase-type : « Je traite d'abord les risques G×P élevés, avec traçabilité. »
Exemple : Cyberattaque → isolement réseau (immédiat), sauvegardes/patch (structurel), sensibilisation agents (résiduel).

Test LÉGIT (filtre déontologique express)

Quand : demande “limite” (pression, passe-droit).
Étapes : **L**égalité ? **É**quité/égalité ? **G**arantie d’intérêt général ? **I**mpartialité/neutralité ? **T**raçabilité ?
Phrase-type : « Je valide si c’est légal, impartial et traçable, sinon j’alerte. »
Exemple : Prioriser un dossier d’un proche d’élu → non, sauf critère objectif formalisé et public ; sinon refus motivé.

SCQA (répondre court et percutant)

Quand : question large à traiter en 60–90 s.
Étapes : **S**ituation – **C**omplication – **Q**uestion – **A**nswer (plan d’action en 3 points).
Phrase-type : « Contexte, difficulté, donc la question est…, je réponds par 1-2-3. »
Exemple : ZAN → pression foncière (S), pénurie logement (C), comment concilier ? (Q) → densifier, recyclage foncier, aides (A).

5W2H version “Territoriale”

Quand : cadrer un projet clairement devant le jury.
Étapes : **What** (objectif), **Why** (motif public), **Who** (acteurs), **Where/When** (périmètre/calendrier), **How** (méthode), **How much** (coûts/financement).
Phrase-type : « Objectif, raison d’être, acteurs, planning, méthode, budget. »
Exemple : Guichet unique → quoi (démarches clés), pourquoi (accès/usager), qui (accueil+DSI), quand (T1-T4), comment (démat + accueil), combien (subv + autofin).

Bonus — phrases "prêtes à l'oral"

- **Cadrage** : « Pour agir en sécurité, je clarifie les faits et les responsabilités. »
- **Légalité/déontologie** : « Ma réponse respecte le cadre légal, la neutralité et l'intérêt général. »
- **Management** : « J'associe l'équipe, je fixe des objectifs et je mesure les résultats. »
- **Communication** : « Je sécurise une réponse traçable et un plan d'information adapté. »
- **Prévention** : « Je prévois un suivi et des actions correctrices pour éviter la récidive. »

10 exemples de situations professionnelles + réponses

1. Subvention contestée par une association

Méthode : QQOQCCP + R
Contexte : Une association locale conteste le montant de la subvention attribuée par la collectivité, jugeant la décision "injuste".
Réponse :

- **Qui ?** L'association X, la direction finances, l'élu à la vie associative.
- **Quoi ?** Subvention réduite de 20 %.
- **Où ?** Commune X.
- **Quand ?** Suite au vote budgétaire 2025.
- **Comment ?** Décision conforme au règlement voté.
- **Combien ?** 12 000 € contre 15 000 € auparavant.
- **Pourquoi ?** Baisse d'activité déclarée.
- **Risques :** contentieux et atteinte à l'image.
  Réaction : Je clarifie les critères, fournis les pièces au président de l'association, rappelle le cadre réglementaire et propose un échange pédagogique.
  Phrase-type : "Avant d'agir, je précise les faits et les risques juridiques et de communication."

2. Tensions dans une équipe d'accueil

Méthode : STAR + LAW
Situation : Deux agents d'accueil s'opposent et refusent de travailler ensemble.
Tâche : Restaurer la cohésion et la continuité du service.
Actions : Entretiens individuels, médiation RH, clarification

des rôles et règles de communication interne.
Résultat : Baisse des tensions, meilleur climat d'équipe.
Légalité : Respect du statut et de la procédure disciplinaire.
Acceptabilité : Agents écoutés, direction informée.
Watch (suivi) : Bilan à 1 mois sur les indicateurs RH.

3. Agent agressif en réunion

Méthode : DESC
Décrire : Lors d'une réunion, un agent critique violemment la direction.
Exprimer : "Votre ton met mal à l'aise l'équipe et nuit à la discussion."
Suggérer : "Je vous propose de reprendre les points posément pour que chacun puisse s'exprimer."
Convenir : D'un plan d'apaisement et d'un rappel individuel sur le devoir de réserve.
But : Restaurer le respect mutuel sans humiliation.

4. Projet de guichet unique citoyen

Méthode : RACI + Eisenhower
Contexte : La collectivité veut créer un guichet unique pour les démarches administratives.
RACI :

- **R** : Chef de projet attaché territorial
- **A** : DGS
- **C** : DSI, services sociaux
- **I** : élus, agents d'accueil
  Eisenhower : Urgent = accessibilité numérique ; Important = ergonomie et inclusion.
  Plan d'action : Quick-wins (signalétique, formation

agents) → puis chantier structurel (portail numérique).

5. Mise en place du télétravail

Méthode : PDCA + KPI
Plan : Objectif : améliorer la qualité de vie au travail. KPI : satisfaction, continuité de service, taux de présence.
Do : Lancement pilote sur 3 services.
Check : Évaluation à 3 mois avec RH et DSI.
Act : Ajustement (outils collaboratifs, encadrement).
Résultat : Télétravail généralisé à 30 % du personnel, sans perte d'efficacité.

6. Fermeture d'une médiathèque de quartier

Méthode : PPIER
Problème : Coût d'entretien trop élevé.
Parties prenantes : élus, habitants, associations culturelles, personnel.
Impacts : social (accès à la culture), économique (budget), politique (image).
Enjeux : équilibre territorial, équité.
Risques : mobilisation citoyenne, presse défavorable.
Action : concertation, redéploiement vers un service mobile, communication transparente.

7. Suspicion de cyberattaque sur le réseau

Méthode : Matrice de risques (G×P + maîtrise)
Risques identifiés :

- Perte de données sensibles (Gravité 5, Probabilité 3)

- Blocage des services (G4×P4)
  Mesures immédiates : isolement du serveur, alerte ANSSI.
  Structurelles : sauvegardes quotidiennes, double authentification.
  Résiduelles : formation des agents à la vigilance.
  Suivi : tableau de bord cybersécurité trimestriel.

8. Dossier prioritaire d'un proche d'élu

Méthode : Test LÉGIT (filtre déontologique)
Légalité ? Aucune base réglementaire pour prioriser.
Équité ? Rupture d'égalité avec les autres citoyens.
Garantie d'intérêt général ? Non.
Impartialité ? Menacée.
Traçabilité ? Oui, tout doit être écrit.
Décision : Refus motivé et traçabilité de la demande.
Phrase-type : "Je valide si c'est légal, impartial et traçable ; sinon, j'alerte le DGS."

9. Application du ZAN (Zéro Artificialisation Nette)

Méthode : SCQA
Situation : Loi Climat et Résilience impose le ZAN.
Complication : Besoin de logement et pression foncière locale.
Question : Comment concilier développement et sobriété ?
Answer :

1. Recyclage du foncier bâti,
2. Densification raisonnée,
3. Soutien aux projets exemplaires.
   Réponse claire, structurée et réaliste (60-90 s).

10. Création d'un tiers-lieu intercommunal

Méthode : 5W2H version territoriale

- **What :** Créer un espace partagé (coworking, numérique, ateliers jeunes).
- **Why :** Revitaliser le centre-bourg et soutenir l'emploi local.
- **Who :** Communauté de communes, partenaires économiques, associations.
- **Where/When :** Ancienne école – travaux T1 à T3 2026.
- **How :** Concertation + AMI régional + gestion associative.
- **How much :** 250 000 € (subventions + autofinancement).

  Vision claire et complète d'un projet public.

CONCLUSION

Se préparer au concours d'attaché territorial est un véritable défi, qui exige rigueur, persévérance et méthode. À travers ces questions-réponses, vous avez pu évaluer vos connaissances, développer votre capacité de réflexion et mieux cerner les attentes précises de ce concours.

La clé de la réussite réside dans **une préparation régulière, structurée et orientée vers les compétences attendues**, mais aussi dans votre capacité à analyser une situation, argumenter vos positions et présenter vos réponses avec clarté et assurance. Ce livre vous a offert un cadre d'entraînement intensif, mais gardez à l'esprit que **le facteur décisif reste votre engagement personnel et votre détermination**.

Si vous avez parcouru cet ouvrage avec sérieux et constance, vous êtes désormais mieux armé pour relever les épreuves qui vous attendent. **Poursuivez vos efforts, entraînez-vous à l'oral, restez attentif à l'actualité, cultivez votre esprit critique et gardez confiance en votre potentiel.**

Je vous souhaite **plein succès dans votre concours et une carrière épanouissante au service de l'administration publique** !